博瑞森图书
BRACE

企业阅读 本土实践

涨价也能卖到翻

提高客单价的15个黄金法则

[日] 村松达夫◎著

江裕真◎译

全国百佳出版社
中央编译出版社
Central Compilation & Translation Press

图书在版编目(CIP)数据

涨价也能卖到翻：提高客单价的15个黄金法则/
(日)村松达夫著;江裕真译. -北京：中央编译出版社，2010.7
书名原文:高くても飛ぶように売れる客単価アップの法則
ISBN 978-7-5117-0472-6

Ⅰ.①涨… Ⅱ.①村… ②江… Ⅲ.①销售—商业心理学
Ⅳ.①F713.55

中国版本图书馆CIP数据核字(2010)第142944号

涨价也能卖到翻 **[日]村松达夫 著**

出 版 人:和 龑
责任编辑:张维军
出版发行:中央编译出版社
地　　址:北京西单西斜街36号(100032)
电　　话:(010)66509236 66509360(总编室)
(010)66509361(编辑室) (010)66509364(发行部)
(010)66509618(读者服务部)
网　　址: www.cctpbook.com
经　　销:全国新华书店
印　　刷:三河市文阁印刷厂
开　　本:787×1092 1/16
字　　数:134千字
印　　张:12
版　　次:2010年9月第1版第1次印刷
定　　价:36.00元

本社常年法律顾问:北京大成律师事务所首席顾问律师 鲁哈达

前言

>>> 何谓“高消费力顾客营销”?

问你一个问题。

> **如果一定要选择其中一个的话，你会选下面哪一个呢?**（假设暖气设备与高级轿车的利润相同）
>
> 1. **将暖气设备卖给夏威夷的有钱人;**
> 2. **将高级轿车卖给爱车的普通上班族。**

虽然夏威夷的有钱人不需要暖气，但是因为他们闲钱很多，所以只要能够巧妙地说服他们，也许就会买下来了。

另一方面，上班族原本就很爱车，因此只要提出他们能够负担的贷款方案，也许就会买下来了。

话虽如此，由于这两样东西都是高价商品，要让对方买下来并不容易。

在利润相同的情况下，必须思考的是成功的机率，也就是胜算。

看到我的职业是“吸引高消费力顾客的顾问”，或许你会认为：“啊哈！这本书要教我们的应该是如何找到像夏威夷有钱人那样的客户，即使是‘不必要的东西’也能巧妙推销给对方的方法吧?”

答案正好相反，本书要讨论的目标顾客群反而是“爱车的普通上班族”。因为这边成功的机率比较高，也就是可以预期获得较多的利润。

这是为什么呢?

因为**现在的消费者，对于自己觉得“这个东西我需要！说什么都想要!”的商品，即使节省生活费、办长期贷款，也会想尽办法筹到购买的经费**。事实上，我们身边应该有很多人开的是高级轿车，午餐吃的却是便利商店的便当。

反过来说，如果顾客不想购买某件商品，经常会以“没钱”作为理由，然而实际上其中隐含了“这个商品并不会让我想花钱买”的真心话。

因此，即使是有钱人，对于他们不需要的东西、感受不到魅力的东西，也一样会推说“没钱”。

也就是说，接下来要告诉各位的“吸引高消费力顾客营销法”，**关键不在于客人有没有钱，而是让顾客觉得“说什么都想要”、“即使很贵也想买”，一举提升贵公司的商品价值**。

只要采取这套做法，**就能跳出价格竞争的困境**。此外，由于**客单价得以提高**，比起其他同业将更能实现富足的商务人生。

>>> 跳出“忙得要命，却赚不到钱”的循环吧！

为什么让顾客认为“即使再贵也想拥有”是一件很重要的事呢？因为若以低价当成卖点的话，就会陷入“忙得要命，却赚不到钱”的恶性循环。

不注重“提高客单价”将会导致严重的后果。话虽如此，市面上一堆经营研讨会和商业书籍却只告诉大家集客的技巧，极少告诉大家提高客单价的重要性。

可以想见，主要的原因在于大部分人都觉得“在这种不景气的情况下，不可能提高客单价”。不只是经营者本身，就连企业管理顾问也放弃了这件事。

另一个原因则是大多数经营者通常认为“只要办个特卖会之类的活动，让消费者来热闹一下，感觉比较安心”。

然而，如果继续这样下去，将会永远无法摆脱“忙得要命，却赚不到钱”的恶性循环。只要冷静思考，相信不论是谁都能明白这个道理。

因此，我决定公开自己担任顾问的这段期间，直到目前为止**实际用来提高客单价的各种方法**。

顺带一提，“吸引高消费力顾客营销法”是我自创的词汇，主要是希望各位将重点放在**如何吸引“高消费力顾客（即使再贵也会购买的顾客）”**。

或许会有人误以为这是一种拉拢有钱人的营销方式，因而觉得“我们公司不卖高级品，所以与我们无关”，事实上并非如此。本书所汇整的做法，全都是个人经营的超市与小餐厅也能充分运用的提高客单价秘诀。

首先，第一章将具体说明**为什么提高客单价比增加来客数重要**，接着说明**其实消费者也希望客单价提高**。

接着，第二章将解说“吸引高消费力顾客营销法”的全貌；第三、四、五章则带领各位在十五天的时间里，学会十五种具体的做法。

最后，第六章以故事的形式，让读者了解这些方法如何活用在实际的营业现场；第七章则是补充提醒，指出多数经营者在实践这些方法时经常掉入的几个心理陷阱。

那么，且让我一面祈祷本书能够成为各位事业发展的契机，一面开始介绍本书的内容吧。

吸引高消费力顾客的顾问　村松达夫

目录
CONTENTS

第4章 以待客方式进一步提升附加价值

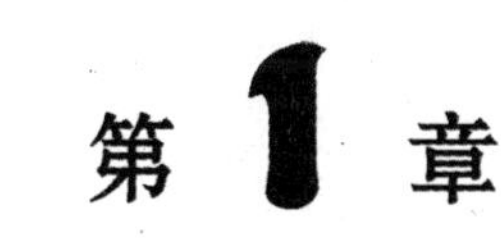

第1章

增加来客数vs.提高客单价，应该选择哪一个

光是“增加来客数”，忙得要命又赚不到钱

>>> “顾客增加 = 公司赚钱”是真的吗？

“集客营销”在这几年成为一股潮流，市面上也出现无数的相关书籍或研讨会。不论是以传真方式发送的 DM（直邮广告）、报纸广告或是 SEO 网络营销策略（让公司网站在搜索引擎上名列前茅的策略）等等，有各式各样的做法。简而言之，就是“将顾客带到你的公司或店面来”、增加来客数的方法。

增加来客数确实很重要，原本空荡荡的店家一日变得热闹无比、原本静悄悄的办公室电话一旦开始响个不停，似乎就会让人产生“正在赚钱”的美好感觉。

我并不是要否定“增加来客数”这一点，况且在从事企业管理顾问的工作时，我也会运用集客营销的手法协助客户。

问题在于，许多经营者的脑袋只深信“顾客增加 = 公司赚钱”这个单纯的公式。

然而，实际上，**顾客人数的增减与公司的盈亏未必是正相关的**。

即使客人减少，仍然有可能赚钱——不，应该说，**有不少情况**

是缩小顾客范围后，利润反而增加了。

其实在我协助的企业之中，有很多经营者正在体验**“顾客人数虽然减少，利润反而提升”**的离奇现象。**只要采取“高消费力顾客营销”的手法，这件事并不那么困难。**

>>> 并不是增加顾客人数就够了

不要再过度沉迷于增加顾客人数了。因为，一旦将心力都花在招揽顾客上头，就会出现“顾客增加、利润却没什么增加”的现象。也就是说，公司会变得“忙碌不堪，却不赚钱”。

事实上，即使成功增加了来客数，然而收益却变得比以前更差、陷入经营困境的公司并不少见。

为什么会这样呢？**原因在于顾客一旦增加，随之而来的成本也会增加。**

以人事成本而言，来客数增加的话，客人的等待时间就会变长，必须花费更多时间招呼他们，若是处理不当就容易出现客诉。因此，不得不增加人事成本、雇用更多人手。

此外，为了满足多数顾客的需求，商品种类必须充足。为了维持商品种类的丰富性，容易衍生库存过多的问题。

同时，随着来客数、员工以及库存的增加，不得不扩大办公室或店面的规模，导致成本又增加了。在这种情况下，如果向银行追加贷款的话，每个月的还款金额也会增加。

如此一来，虽然营收增加，但是支出也会增加；所以，**顾客人**

数虽然增长了两倍，利润却没有变成两倍。

这就是“忙得要命，却赚不到钱”的原因。

以图形来解释的话，大致如同图 1－1。

而且，万一将来顾客减少了，就会变得更加辛苦。因为员工无法说裁减就裁减，为了扩大店面而增加的贷款也必须继续偿还。到了最后，经营状况很可能比之前还要糟糕。

经过这样的说明，各位应该明白，为什么顾客人数一直增加未必是件好事了吧？

那么，应该怎么做才好呢？

与其着重于增加来客数，不如先将焦点放在**提高客单价。**

客单价的提升，并不等同于来客数的增加，因此不会发生前述的风险。提高客单价的目的是促使上门的客人多买一个、购买更高等级的产品，或是提高商品的价格，不需要增加人事费用或是扩张成本。

因此，**随着营收的增加，利润也会确实增加。**

首先要做的是通过提高客单价，将公司的体质调整为“不须刻意增加顾客人数，也能确实赚到充足利润”。做到这一点之后，如果想要增加来客数，再运用集客营销。这才是正确的顺序。

各位觉得如何呢？

或许有人会持反对意见：“这样做如果行得通，我就不必那么累啦；就是因为客人只想买便宜货，才会这么辛苦嘛！”

不必担心，**因为八成的消费者都具有成为“高消费力顾客（即使再贵也会购买的顾客）”的潜力。**关于这一点，接下来会详加说明。

➡图1–1：“顾客增加＝公司赚钱”是真的吗？

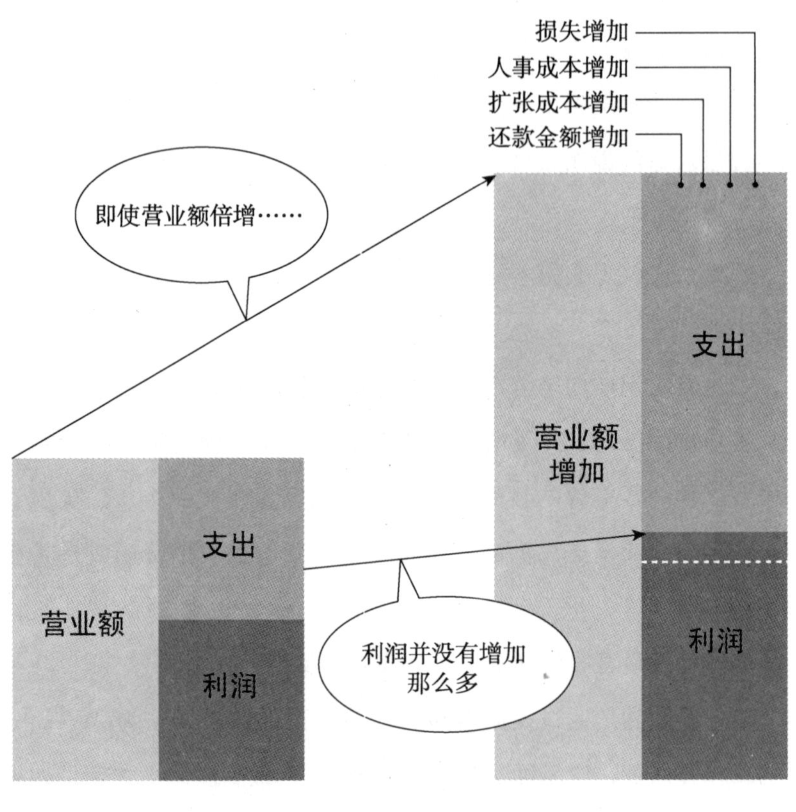

营业额倍增，然而支出也会增加，因此虽然忙得要命，
却赚不到钱

各位只要依循“将客人变成高消费力顾客”的机制，落实“吸引高消费力顾客”的技巧，这样就可以了。至于具体的方法，将从第二章开始详细说明。

>>> 跳出产品的生命周期！

如果只是增加来客数，就会陷入又忙又赚不到钱的困境。针对这一点，我们可以用“产品生命周期理论”来验证。

首先，请各位看看第 8 页的图 1－2，这是大家熟悉的“产品生命周期”图形。

如图所示，虽然我们知道产品的销售额会在“成熟阶段”达到高峰，却往往忽略了其他的重点：**一旦销售额到达巅峰，利润就会下降**。主要原因除了前面提到的人事等各项成本增加之外，还包括同业加入而引发的“价格竞争”，以及为了招揽顾客而“增加广告宣传费用”等等。

一旦进入价格竞争，就必须降价，售价无法提高。这么一来，客单价与利润当然就会减少。不过，由于来客数大幅增加，足以弥补减少的利润。

这就是“成熟阶段”。

然而，无论营业额再怎么增加，成本都会更高，因此利润会渐渐减少。

也就是说，以“产品生命周期理论”来看，同样可以得知：一旦到了同行竞争者也加入的“成熟阶段”，便无法仅仅以增加来客数

➡ 图1–2：从产品生命周期来看营业额与利润

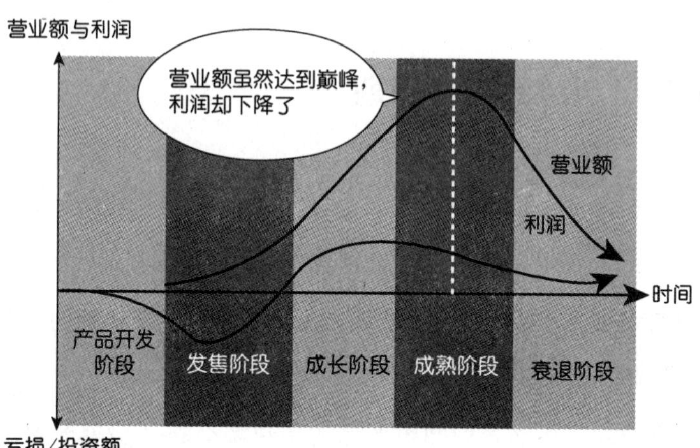

① 产品开发阶段	这个阶段是从企业提出新产品的构想开始。这个时期，营业额是零，投资额则不断增加。
② 发售阶段	在这个阶段，产品进入市场，营业额渐渐增加。但是因为发售阶段投入许多资金，利润几乎等于零。
③ 成长阶段	市场快速接受商品，利润渐渐增加。
④ 成熟阶段	由于大部分的潜在需求都已经发掘出来了，营业额的成长趋缓：为了在竞争市场维持自身商品的销售力，营销支出增加，致使利润持平或减少。
⑤ 衰退阶段	营业额下滑，利润减少。

❖根据菲利浦·科特勒(Philip Kotler)与盖瑞·阿姆斯壮(Gary Amstrong)合著的《营销学原理》制成

维持利润了。

然而，现在已经进入“成熟阶段”的产业，要怎么做才能脱离这样的状况呢?

能让你跳出这种困境的正是**“高消费力顾客营销”，它是唯一能帮助你跳出产品生命周期、避免价格竞争、抑制成本、提高利润的突破点。**

按照“提高客单价→增加来客数”的顺序发展，就会成功！

>>> 何谓提高客单价？

所谓“提高客单价”，就是**让每位顾客的平均购买金额增加**。针对如何增加来客数这个部分，大家已经知道了许多技巧，然而却不太了解提高客单价的方法。

因此，我先为大家简述一下内容吧。

举例来说，假设某家酒行有位常客 A 先生，每个星期会来买一次酒。

请先想象这位 A 先生购买一瓶一千日圆①红酒的状况——此时的销售额是一千日圆。

然而，如果能下苦功制作 POP 海报等宣传品，让 A 先生觉得“咦，这款红酒好像不错”，于是购买一瓶两千日圆的红酒，此时的销售额就会变成两千日圆。

接着，如果再搭配“买两瓶、送赠品”的特卖活动，促使 A 先生购买两瓶那款红酒，将会如何呢？

---

① 编注：1 人民币元≈13．5 日圆。

毋庸置疑，两千日圆的红酒两瓶，销售额就变成了四千日圆对吧。

此外，如果通过举办“试饮会”等活动，让原本每星期来买一次红酒的A先生，变成每星期来买两次的话，将会如何呢?

购买两千日圆红酒两瓶的客人，从每个星期来一次变成来两次，那么每周的销售额就会变成八千日圆。

以上就是提高客单价的方法：**在来客数不变的情况下，设法让销售额与利润都增加。**

再想一想：如果一方面留住A先生这种常客，一方面再举办集客营销活动招来新的顾客，使得来客数变成目前的两倍，将会如何呢?

没错，每位顾客一星期的消费金额是八千日圆，现在人数变成两倍，因此简单计算下来是一万六千日圆。

从原先只有区区一千日圆的销售额，变成了一万六千日圆，等于是增长了十六倍。

这当然只是一个夸大的例子，**目的是为了让各位容易理解：重点在于先提高客单价，再增加来客数。**

>>> 如果顺序颠倒，结果会很悲惨……

如果按照这个顺序，在增加来客数之前，先将销售额提高到八倍，这样一来，即使之后因为顾客增加两倍而变得比较忙，赚到的

➡图1-3:依照“提高客单价→增加来客数”的顺序推动

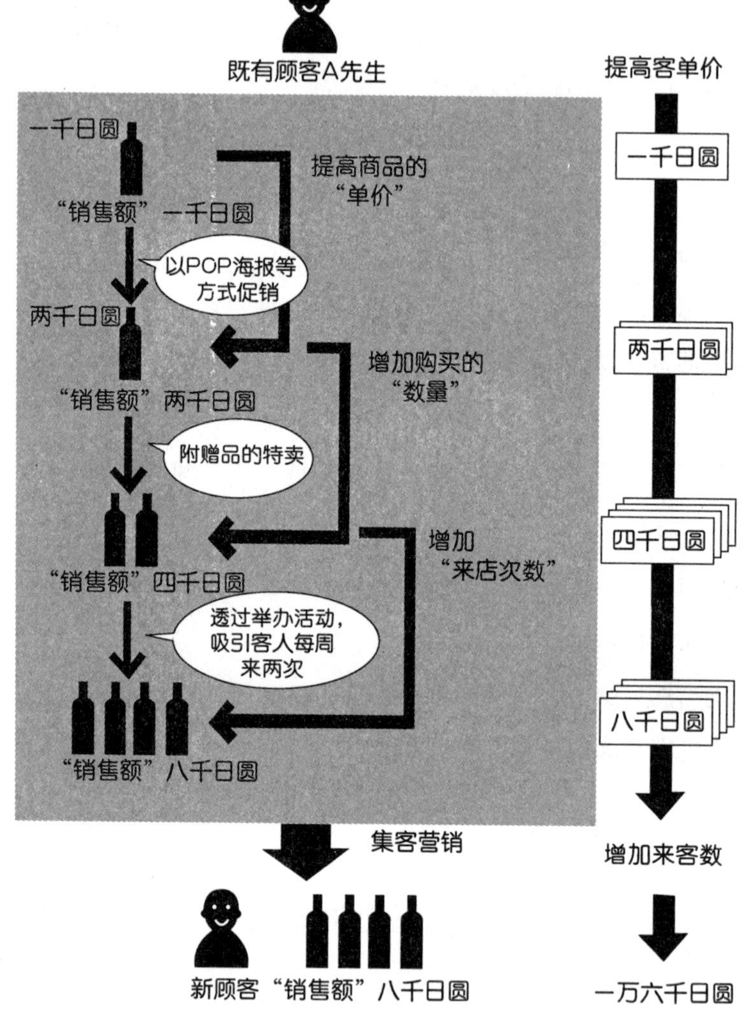

钱应该也足以支付人事费用等成本的增加了。

然而如果颠倒过来，先增加两倍的顾客，由于销售额尚未提升，人事费用等成本却不得不增加，经营起来将会很辛苦。除了利润减少、忙得要命却赚不到钱之外，风险也会提高，陷入令人难以承受的悲惨困境。

经营者的幸与不幸

>>> 成为一名幸福的经营者

采取“吸收高消费力顾客”的营销方式、提高客单价，为什么比较好呢？除了业绩方面可以获得提升之外，还有另一个不可忽略的重要原因。

虽然我的职业是“企业管理顾问”，但是我并不认为好的企业只着重于眼前的营业额就够了。

再更进一步来说，帮助经营者以及他的家人、员工，构建一个目前虽然还没那么赚钱、却能够充满活力地生活下去的环境，我认为这才是更重要的事。

会有这样的想法，是因为我听过太多经营者在公司变得忙碌后，由于压力过大而罹患心脏病，或是由于过劳而倒下，甚至是与家人之间的沟通变差的例子。

因此，在提供企业咨询时，我的首要任务是**重视经营者本人的幸福**。

即使从这样的观点来看，最后还是能够导出“先提高客单价，再增加来客数”的顺序。因为，这个顺序可以让人一方面感受到身**为经营者的“骄傲”与“成就感”，一方面稳当地提高业绩。**

>>> 幸与不幸的分水岭

对于现有的顾客，只要尽力提供虽然价格较高但品质优良的商品，将他们塑造成绝对的追随者就够了。接着，不需要费力去招来顾客，只需要靠口耳相传。

等到公司确实培育出高素质的员工、确信“在顾客增加之后，也能维持充分的服务与品质”，再积极地招来更多的顾客。

这样的话，应该就不致产生过度的压力或焦虑了吧。

当然，或许有人觉得“自己的幸福是过着忙碌的生活，通过薄利多销，卖掉大批商品”，这样的想法也没什么不好。只不过，至今我所认识的一千多位中小企业家之中，几乎没有人希望变成这样。

话虽如此，我却发现多数经营者还是**误用**了“增加顾客 = 公司赚钱”这个单纯却危险的公式，朝向自己原本不想前往的方向行进。

事实上，目前为止我所协助过的大多数经营者，都曾经感叹地说：“如果没有遇见村松老师，我们差点就往错误的方向前进了。我们追求的并不是薄利多销，而是**能够稳定地经营，清楚知道每位顾客在哪里。”**

如果你觉得这些经营者的感叹让你产生了共鸣，请务必继续坚持这样的想法，因为它符合了多数消费者的期盼。

至于消费者为什么会有这样的期盼，将在下一节详细说明。

把握不断进化的需求

>>> 认为“消费者喜欢便宜货”，将导致失败

重要的是先将客单价提高，接下来的目标才是增加来客数。

以上是我的观点，一般人的做法却总是背道而驰，因此往往陷入“忙得要命，却赚不到钱”的恶性循环里，或许这是因为多数经营者都受到“客人喜欢买便宜的东西”、“如果提高客单价，客人会越来越少”等想法束缚了吧。

也许对于抱着这种想法的人而言，这么说有点严苛，但是我认为他们并没有掌握现今顾客（消费者）的实际面貌——

现在的消费者，只要是他们想要的东西，再贵都会买，更有些人即使借钱、节省生活费也要买。

就以餐厅为例来说明吧。

过去只要提到“餐厅”这个字眼，大家都会觉得那是很高级的地方。然而自从“家庭餐厅”① 出现之后，餐厅就渐渐变成比较能够轻松前去消费的场所了。

---

① 译注：指适合父母带着小孩前往、全家共同用餐的餐厅。

接着，价格竞争开始了，以巨额资本引进饮料吧等自助式服务的低价家庭餐厅登场，于是其他家庭餐厅也一一调降价格。如今，几乎所有的家庭餐厅都附有饮料吧，力求低价化。

原本预期价格的竞争将持续下去，结果并非如此——几乎在同一时期，中高价位的家庭餐厅出现了。

由于价格设定略高于一般的家庭餐厅，因此中高价位的家庭餐厅在开张初期比较不拥挤，用餐的气氛很闲适。然而，经过了一段时间，现在每逢周末假日，这类中高价位的餐厅即使排队等候一小时以上也不足为奇。

如果消费者希望的只是低价，为什么中高价位的家庭餐厅也会如此受欢迎呢？

再来看另一个例子吧。

泡沫经济时期，许多健身房的收费都很高昂，年费高达一百万日圆，使用者仅限于特定阶层。至于一般使用者，大多是前往收费便宜的各县市公营运动中心。

但是在泡沫经济破碎之后，年费十五万至三十万日圆左右的中等价位健身房越来越多，使用者也大幅增长。许多原先一直使用公营运动中心的人，也开始前往这种中级健身房。

它的价位虽然高于公营设施，不过里面的设备与服务项目，也比公营设施充实许多，于是一般使用者大量涌入这类的健身房。不只如此，近来，每年花费大约五十万日圆追加个人课程的使用者，也越来越常见了。

那些原本因为预算不足，只前往年费约一万日圆的公营运动中

心的一般使用者，为什么愿意支付五十万日圆购买高价课程呢？

我再举一个例子。

手机这项产品，其实大约早在二十年前就在日本出现了。不过当时只有大企业的社长以及少数超级精英的商务人士才会使用手机。

然而，随着低价的“小灵通”登场，引发价格破坏后，手机就开始以一日圆、五日圆的价钱销售了。由于价格变得非常便宜，手机迅速普及到一般民众。

不过，目前的状况又是如何呢？即使购买新的机型必须花费两万日圆左右，仍然有许多人不断地更换新机型。

以前那些非一日圆手机不买的人，为什么会愿意花钱购买高达两万日圆的新机型呢？

>>> 消费者的购买行为呈现“V字价格曲线”

刚才针对家庭餐厅、健身房、手机的例子，最后提出的三个问题，各位知道答案吗？

我将问题重新排列如下：

Q1：如果消费者希望的只是低价，为什么中高价位的家庭餐厅也会如此受欢迎呢？

Q2：那些原本因为预算不足，只前往年费约一万日圆的公营运动中心的一般使用者，为什么愿意支付五十万日圆购买高价课程呢？

Q3：以前那些非一日圆手机不买的人，为什么会愿意花钱购买

高达两万日圆的新机型呢？

以上三个问题的答案，可以全部汇整成以下的“行为模式”。

①觉得“很贵”，一度加以拒绝

⬇

②一降价，马上飞奔前往消费

⬇

③低价一旦变得理所当然，就会觉得有点美中不足

⬇

④接着，想要追求昂贵但更好的东西

也就是说，在价格破坏已经达到某种程度、无法再降低时，消费者会转而追求虽然昂贵、但品质出色的商品。

将这个现象画成图形的话，将如同图 1－4 所示。

➡ 图1-4：V字价格曲线

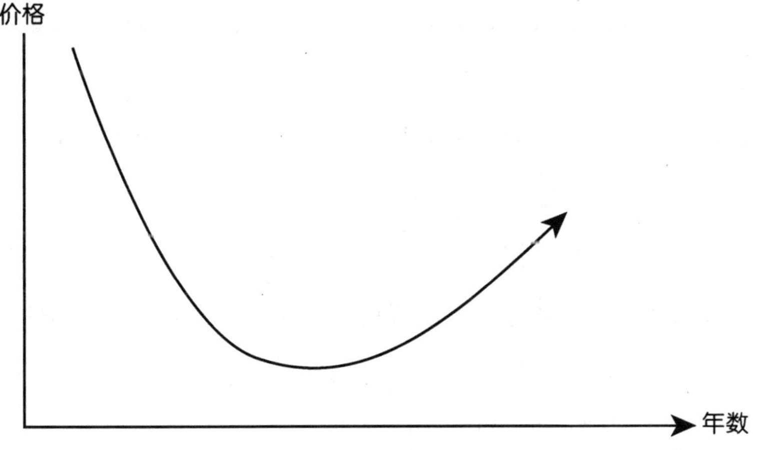

从图表可以看出，这种消费者行为呈现一个“V”字、往上反弹，因此我称之为“V字价格曲线”。

也就是说，如果你身处的业界正处于价格破坏阶段的话，那些即将觉得不够满足的消费者，相当有可能转而追求更高水准的消费。

以我自己为例，我也会固定去某家全国连锁的健身中心，但是人挤人的状况让我有点困扰；另一方面，只是自我训练也渐渐让我觉得意犹未尽。因此，只要有健身中心能够提供一对一的服务，即使每个月必须多付两万日圆，我也愿意。不过由于我家附近并没有提供这种服务的健身中心，我也别无选择。

此外，由于请我提供咨询的企业分布全国，我也常在各地举办研讨会，因此必须经常搭乘新干线。对于新干线的绿色车厢①我也有类似的感觉。

几年前，新干线推出“Express 预约”的服务，只要事先利用手机预约，就能以近乎普通车厢的费用搭乘绿色车厢。不知是否因为如此，从那个时候开始，绿色车厢渐渐变得像是“中级交通工具”，以前给人“VIP 专用”印象的绿色车厢，最近也能看到很多普通的家庭主妇或上班族搭乘。

这么一来，像我这类经常搭乘的乘客，就会觉得不太满意，希望多付一点钱，享受更优质的服务。

举例来说，如果新干线增设“白金车厢”，就像飞机的头等舱那样，乘客可以在独立座椅上舒服地向后躺靠、看电影、享用地道套

① 译注：Green Car，相当于头等车厢。

餐的话，即使价格稍微昂贵一些，应该还是有人会愿意在工作结束后搭乘、犒赏一下自己吧（因为老是吃铁路便当，总是会觉得不够满足）。

诸如此类“即使必须多付一点钱，也希望能……”的经验，各位一定也曾经发生过吧？

>>>“我没钱”的真正含意

也就是说，**当多数的一般消费者都在使用某类商品时，对于该商品的需求就会随之进化。**

以刚才提到的手机来说，由于内置拍照功能，产生了“将照片寄给朋友”的需求，于是导致“内置上网功能”的结果。手机拥有上网功能之后，供手机使用的网页越来越丰富，现在会通过手机购物的人已经很普遍了。这就是一般消费者的需求慢慢进化的结果。

再举一个更贴近我们生活的例子：买水。以前大家的认知是“水不用钱”，但是近来却因为“多喝水可以让皮肤变好”或是“有益健康”等各种理由，即使瓶装水的价位高于碳酸饮料和罐装咖啡，仍然相当热销。

这是**由于消费者并非自始至终要求“便宜、快捷”而已，只要能够提出新的用法或玩法，努力提高商品的价值，就算比较昂贵，他们也会掏出钱来。**

我们常听到顾客说“我没钱”，这句话真正的意思是**“对于自己觉得很有价值的东西，会不吝于掏钱买下；但是其他的东西则希**

望尽可能捡便宜”。因此，高级品牌非常受欢迎，百圆商店或折扣药妆店[①]也是人气十足。

也就是说，**能否让消费者确实感受到商品的“特殊价值”，就决定了企业的成败。**

当然，即使再怎么做也不太可能让所有的顾客都产生这种感觉。不过，这本书将传授**八成以上的客人都有可能变成高消费力顾客的秘诀。**

为什么是“八成”呢？下一节将告诉你“八成”是怎么来的。

---

① 译注：药妆店，是指有药品和化妆品销售的店铺。在日本，凡是有化妆品销售的药店都可称为药妆店。

只要觉得有价值，八成的顾客即使昂贵也会买

››› 为什么大家愿意排队参加特卖会

即使我一直强调：“不用降低价钱也没关系，因为高价商品仍有八成顾客可能会购买。”或许有人还是会怀疑：“不是有很多人都会排队参加特卖会吗？他们要的不就是便宜吗？”

确实，有些人要的就是便宜，但并非所有人都如此。

我来举个例子说明。

曾经有一家连锁冰淇淋店举办“价格一律百圆”的销售活动，据说造成大排长龙的景况。该店平常的冰淇淋价格则是两倍以上。

看到这种状况，有人说：“也不过是冰淇淋卖一百日圆，就排队排成这样，果然是相当不景气呀。”

诚然，如果只看表面，不免会觉得是“因为便宜，所以排队”。

但这些人真的是为了省钱才排队的吗？

再举一个例子吧。

出外旅游时，为了预订住宿房间，你是否曾经在网络上到处搜索，想要找出最便宜的饭店？这时，如果找到比其他饭店便宜一百

日圆的地方，是不是会觉得非常开心呢（我曾经有过这种经验）？

只要冷静地思考一下，就会发现也不过是便宜一百日圆而已。花了好几个小时坐在电脑前面，真的就是为了省这一百日圆吗？

对于前面提出的几个问题，你的答案应该都是“NO”吧。事实上，**顾客享受的只是“特卖”的感觉，或是享受“就算便宜一日圆也好，我就是要找到更便宜的地方”这种游戏而已，并不是真心想要省下多少钱。**

>>> 因此，八成的客人即使很贵也会买

那么，我们是否可以推论：在一百个人之中，有一百个人都在享受这种游戏呢？并非如此。因为，其中有一开始就对杀价不厌兴趣的人，但确实也有真的想省钱的人。

那么，这些人是如何分布的呢？

我们可以用俗称的“2·6·2法则”来说明。这个法则简单来说就是**“万物万事的分布状况都是上层两成、中层六成、下层两成的比例”**。

例如被视为“工作者”代名词的工蜂，据说每一百只就有二十只非常善于工作，六十只工作能力一般，剩下二十只会偷懒。

在人类社会中，似乎也有相同的现象。假设某企业里有十名员工，就可以用2·6·2的比例将他们区分成“优秀员工”、“中等员工”以及“低生产力员工”。我在实际和经营者提到这个法则时，大家都异口同声地说：“没错！大概就是这种感觉。”

那么，如果将这个“2·6·2法则”应用到消费者身上，情形将如同以下所述。

上面的两成是“绝不买特价品”的阶层，最下面的两成是“只买特价品”的阶层，中间的六成则是“特价品与一般品都买”的阶层。

➡ 图1–5：以“2·6·2法则”思考

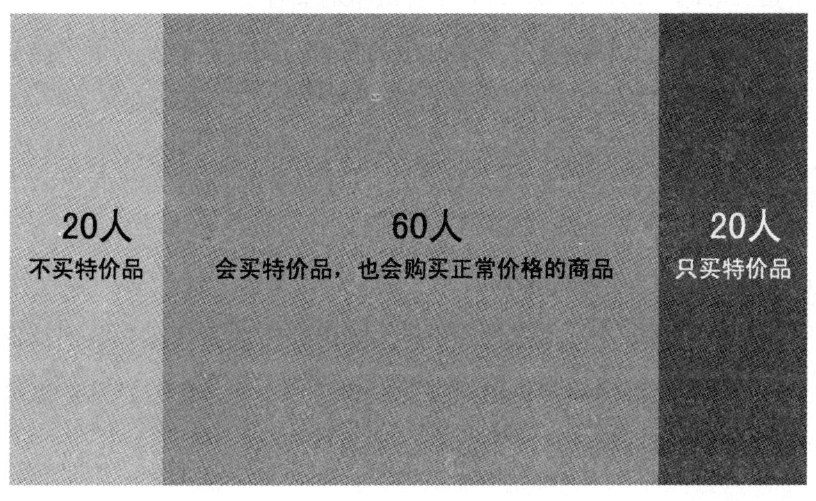

“高消费力顾客营销”锁定的是上层的二十人与中间的六十人，加起来共八十人。因为中间的六十人会买一般价格的商品，也会买特价品；换句话说，他们是“两边通吃的人”。

如何赢得这一类“两边通吃的人”，就是高消费力顾客营销的精髓。

由于高消费力顾客营销的目标不是只有上层的百分二十，而是比它多四倍的百分八十，成功的可能性因而大幅提高。

顺带一提，由于下层两成只买特价品的消费者认为“便宜就是一切”，因此在企业或店家执行高消费力顾客营销的方法后，就会渐渐离去。

不过，不必担心。根据我的经验，这群人不只是喜欢便宜货，同时也具有“要求比别人多一倍”的倾向。因此，如果彻底摆脱这群人，反而可以省下为了应付不合理要求或客户投诉所付出的心力，不论在时间或精神方面，都是一种成本的节省。

简而言之，只要能够了解商品的价值，即使昂贵，八成的顾客也会购买。

或许有人会反驳：“你讲得这么轻松，但是我们的商品已经无法再让消费者感受到更多的价值了，根本不可能调涨价钱啊！”抱着这种想法的朋友，请绝对放心。

从下一章开始，我将告诉各位，**如何在不变更商品内容的情况下，让消费者感受到价值的提升**。换句话说，就是**可以提高商品价值的想法与具体做法**。

即使“涨价”，顾客也会前来消费的三个秘诀

第2章

何谓“高消费力顾客营销”？

>>> 掌握顾客的“三种购买型态”

首先，我们来为“高消费力顾客营销”下个定义。

简单来说，**高消费力顾客营销就是“将客单价提升至高于同业，同时能够让顾客感到满意的营销方式”**。

讲得更清楚一点，就是能够无视于同业异口同声感叹“我们的客单价要做到一万日圆已经很辛苦了”，独自将客单价提升至两万、三万日圆的程度；或是当同一条街上有五家同业都在打折促销的时候，顾客还是前来向贵公司购买。

至于客单价的提高，大致可以分成以下三种型态。

型态1 商品与同业相同，但是以更高的价格销售

型态2 同业只销售标准商品，贵公司则销售等级更高的商品

型态3 同业只能卖出一件商品，但贵公司所推荐的东西，顾客会全部买下来

只要执行“高消费力顾客营销”，就会出现这三种购买型态，使客单价提高。

>>> 菲利普·科特勒博士的商品定义

明明卖的是与同业相同的商品，为什么可以将客单价提高呢?

原因在于，吸引高消费力顾客的营销做法，**并不是要让商品本身的价值提高，而是让商品以外的价值提高。**

根据美国管理学大师菲利普·科特勒博士的说法，产品有三种层次。

首先，**“产品核心”**指的是，通过购买产品所能获得的“购买者益处”。例如，产品如果是空调，顾客想要购买的不是空调这个机器，而是想要买到“房间的舒适温度”。

接着，**“产品实体”**指的是销售的实际产品，如果是空调的话，那么就是空调本身。

最后，**“产品的附属功能”**指的是产品的附加服务等项目。例如，空调的安装工程、贷款购买方案，以及售后服务保证等等。虽然没有这些，产品也能零售；然而真正销售的时候，缺少这些将会造成产品难以卖出。

以此为基础，将顾客的购买流程写下来，就会如同以下所述：

首先，顾客在购买商品时，会先确认是否满足了“产品核心”的需求。以空调为例，顾客会依照“产品的大小是否最适合调节家里的温度”来选择不同的商品。

接着，“产品实体”则是品牌的偏好、产品的设计等等。

最后，在消费者为了不知道要选A产品或B产品而感到迷惘时，关键就在于“产品的附属功能”。依据“能否贷款购买”、“是否有保修”、“能否立刻安装”等因素，做出最后的决定。

也就是说，广义的“产品”指的是结合了这三个层次的东西。只要意识到菲利普·科特勒提出的这种产品定义，进而重新构思销售的方法，产品就会变得好卖许多。

只要能够从这三点掌握顾客的心，就可以想出有效的销售方式。

以空调为例，“产品核心”应该要有“四张半榻榻米①大小的话，就用这一款”、“六张榻榻米大小的话，就用这一款”、“有时想要两个房间一起用，有时想切换为一个房间使用的话，就选这一款”等各种选择，满足顾客心目中“舒适空调”的条件。

至于“产品实体”，可以先询问顾客偏好的设计，再替客人挑选合适的品种；“产品的附属功能”则是先了解顾客最重视的关键是什么，例如提供贷款购买方案、延长保修期限，或是当天配送到家等等，再花心思提供服务。

一旦意识到这些重点，即使价格比起同业还贵，顾客仍然有很高的机率会选择贵公司的商品。

在替企业提供咨询时，我也经常以这个观点重新看待商品，因此我非常确信这个做法能够有效提高客单价。

但是，请各位千万别急着下结论，说出“什么啊，就这样吗？如果只是这些事情，我们公司也做了啊”之类的话。

---

① 译注：“榻榻米”是日语里“畳（たたみ，tatami）”的音译，指放在卧室里的厚的草垫、草席等。

➡图2–1：菲利浦·科特勒博士的商品定义

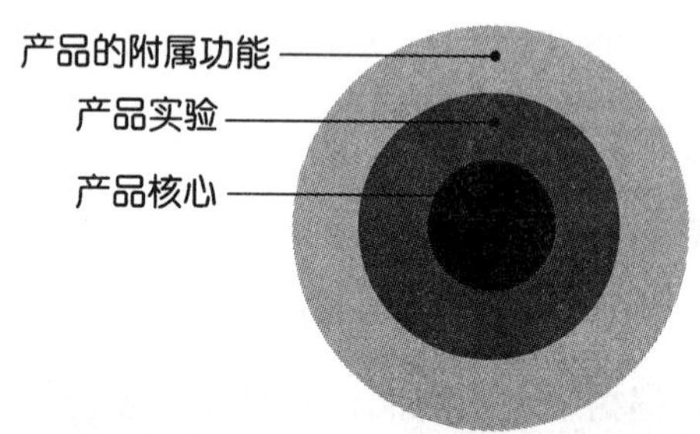

	内容	以空调为例……
产品核心	购买产品所能获得的“购买者益处”	房间的舒适温度
产品实验	实际销售的商品本身	空调本身
产品的附属功能	商品的附加服务等项目	售后服务、贷款购买方案、安装工程等

购买流程

❖根据菲利浦·科特勒(Philip Kotler)与盖瑞·阿姆斯壮（Gary Armstrong）合著的《营销学原理》制成。

因为光是做到这些仍然不够，毕竟，即使它一时能产生效果，同业也会马上加以模仿。

不过，既然各位已经了解“不须改变商品本身，又能使其价值增加”的基本概念，只要将这些想法继续发展下去，就可以找出吸引高消费力顾客的营销方式。

合理提升顾客价值感受的三种方法

>>> 电影《鸡尾酒》所带来的启发

各位听过一部由汤姆·克鲁斯主演的电影《鸡尾酒》（Cocktail）吗？

这部电影讲的是他所饰演的男主角以调酒师身份大显身手的故事。其中有一幕，客人聚集在酒吧的吧台边，男主角以熟练的技艺帅气十足地调出鸡尾酒，结果大家都争相向他点酒。

当然，客人付的充其量只是鸡尾酒的酒钱而已。调酒师并不是街头艺人，欣赏调酒的技巧并不需要额外收费（虽然也有人丢钱给他）。不过，各位应该很容易想象，他那**精彩的调酒招式确实提高了鸡尾酒的价值感**。

通过分析这个故事，我们可以找出“如何创造商品以外的价值”的线索。

>>> 商品价值的三个要素

以下有三种方式，可以让你在商品本身之外，创造更高的商品价值。

> **1. 将商品表演出来**
>
> **2. 针对提供商品的方式下工夫**
>
> **3. 提高顾客本身的期待感**

第二项提到“提供商品的方式”，指的是“如何将商品提供给顾客”，因此“待客方式”也包含在内。

举例来说，有一对夫妻在饭店的酒吧休息，此时太太点了一杯鸡尾酒，假设送上来的不是一般的鸡尾酒杯，而是如同经过钻石切割、闪闪发亮的杯子。这样一来，客人应该会觉得鸡尾酒的美味度倍增（**商品的表演**）。

如果调酒师在做好鸡尾酒、倒进杯子时再补上一句：“结婚纪念日快乐！刚才不小心听到两位的对话了。”结果会如何呢？鸡尾酒的价值感应该会更加提升吧（**提供的方式**）。

因为，**顾客心里所谓的“商品”，不只是商品本身而已，决定商品价值的项目还包括了“装饰的容器”与“提供者的态度”。**

最后还有一个重点：与顾客的期待是否一致。

也就是说，在前述的例子中，顾客如果因此而觉得“好开心!”，鸡尾酒的价值也会提高（**期待感**）。

就像这样，在“商品本身”之外，再加上“商品的表演”、“提供的方式”以及“顾客的期待感”，商品的价值成就能跃升好几倍。

我们用一个假设的金额来试算看看。

鸡尾酒本身的价格假设是一千日圆。装进特制的杯子之后，就算定价是一千两百日圆，顾客也会满足；加上店员贴心的提供方式，即使卖到一千五百日圆，顾客一样觉得满足。

最后，如果顾客原本就暗自等待（**期待**）会有这样的服务的话，或许卖到两千日圆以上，他们也能感到满足。

如前所述，我们可以不断增加商品的价值。

直到目前为止，我都是在意识到这三项要素的情况之下，与客户一起实现目标、获得丰硕成果。

接下来要介绍各位**根据这三个要素所衍生的手法，这些方法都经过实践，并且带来很好的效果**。每一项要素之下分别有五个重点，因此**共计十五种方式**。

从下一章开始，我将依序详细介绍这十五种方法，希望借此能让各位学会创造点子的思考方式。

不过，光是自己闷着头猛读是无法学会的，建议各位每天针对一种方法来学习就好，一边在公司里开会讨论，一边读下去。别急，即使以这样的速度阅读，也只需要十五天就能够精通**“高消费力顾客营销”**！

➡图2-2：不改变商品本身而增加商品价值的方法

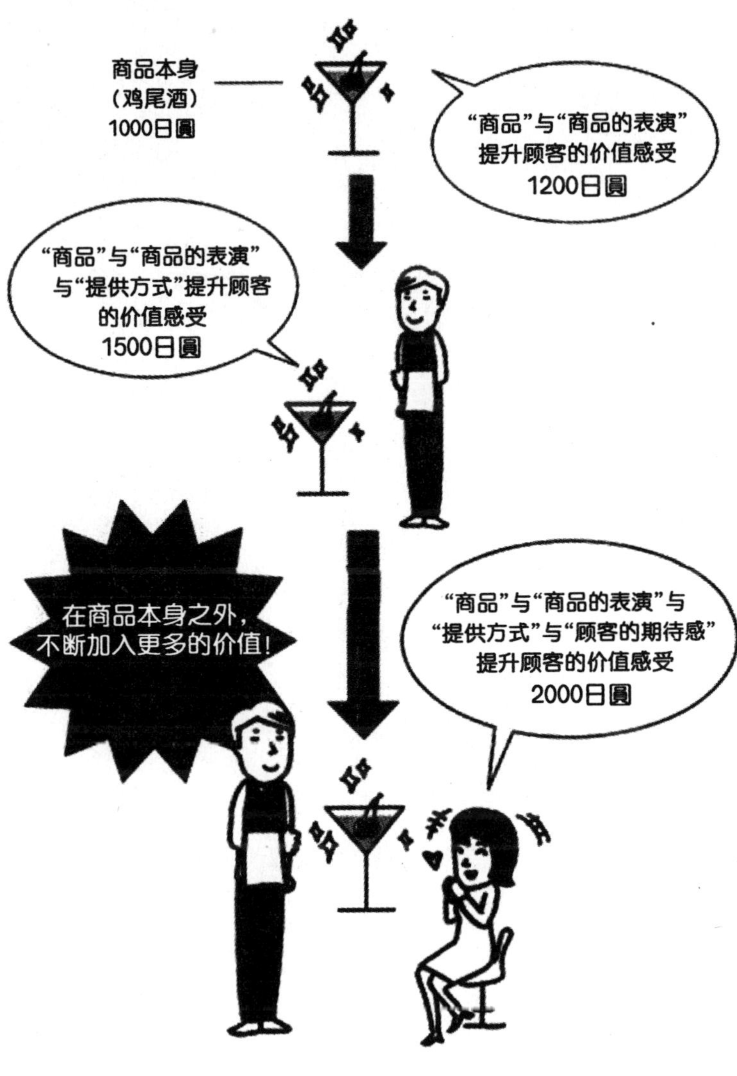

通过表演方式提升商品价值

通过表演，商品价值可以提升数倍！

>>> 商品的表演方式有五种

如同第二章所说，虽然同样都是饮料，但是只要装在比较好看的杯子里，价值感就会提升。这一点应该不难想象吧。

不过，提升价值的表演方式，并不仅限于玻璃杯而已。

我所使用的是以下五种方法。

〔提高商品价值的表演法〕

1. 增加商品吸引力

让商品看起来变得更高级的方法。前述的玻璃杯就属于这个例子。

2. 煽情地讲述幕后故事

增加与商品有关的“故事”。

3. 找寻特色，创造英雄

为商品增加与众不同的特点。

4. 权威保证，大家都有

如同字面所示，就是以“××推荐”增加权威感。

5. 限定数量，限定时间

例如“限量商品”等形式，借由“数量有限”让消费者觉得“很难买得到”。

例如“限量商品”等形式，通过“数量有限”让消费者觉得“很难买得到”。

只要将这五种做法实际运用在贵公司的商品上，商品就会变得魅力无穷。接下来我将从第一种方法开始依序说明，请各位一定要试着应用看看。

此外，我所设计的方法，基本上已经考虑到能够应用在所有行业，然而还是要视贵公司的实际状况而定，或许仍会出现无法适用或难以执行的情形。如果遇到这种情况，请不要勉强继续研究下去，先直接跳过去也没关系。

因为即使贵公司只使用了其中三种方式，还是有非常高的可能性做得比同业更出色。

那么，请看下去吧！

黄金法则一

表演法 1：增加商品吸引力

将商品最吸引人的一面表演出来

>>> 以“调味料”调味

将商品摆设出来，目的不是为了“给人看”，而是要“吸引人”。也就是说，**商品看起来吸引人很重要。**

试想：摆在精品店里的人形模特儿，如果身上的服饰搭配得很完美，顾客就会不由自主想要将从头到脚的商品全部买下，对吧？

只要像这样，**把商品最吸引人的一面表演出来，商品价值就会大幅提升**。所以不妨花点心思，试着构想一些**让人觉得“很贵也想买”的吸引方式吧。**

以餐厅为例，除了料理本身，以碗盘或容器提升价值感就是很有效的方式。

“儿童餐”就是应用这个道理，只是放上小朋友可能喜欢的玩具，或是在蛋包饭上插国旗，就能让小朋友着迷、很想吃。这样的技巧也适用于大人。

某家海鲜料理餐厅有一道菜，以鲸鱼形状的大型容器盛装，只要一打开盖子，就可以看到里面满满的海鲜料理。这是老板开的小玩笑，意思是“把鲸鱼的肚子剖成两半的话，它从嘴巴吞下去的鱼贝类，就会变成料理”。

不只凭借料理本身，餐厅如果能像这样在容器上多花一点心思，就能让它变成一道“即使价格较高，但是客人因为想看容器而不由自主点它”的人气料理。这正是一种“儿童餐效果”。

许多餐厅的经营者都对自己的厨艺十分有信心，因此，往往会有“我要以美味一决胜负”的倾向。

然而，所谓的美味，毕竟仍是一种主观感受，会因客人当时的心情或身体状况而异。既然如此，利用容器让顾客产生正面的情绪，进而引出料理的美味，也算是让料理变得更好吃的重要“调味料”。

至于零售店，虽然与容器没什么关系，但是可以在“陈列方式”上多下工夫。例如在冬天时将陈列柜全部漆成白色，营造“银白世界”的印象，这样做不是也挺有趣的吗？

只要多花一点点心思，就能轻松做出“调味料”。

››› 化短处为吸引人的长处

中小企业的经营者很容易因为人员与设备不足，觉得公司的形象不好。

不过，**员工少没关系，只要强调每一位员工都很诚挚，能让客人觉得像是回到家里一样放松就可以了；如果具有专业资格的员工不多，也只要强调“我们不靠纸上谈兵，我们拥有丰富的现场经验”，宣传自己的实务经验就行了。**

此外，**设备如果不足，只要强调“我们会逐一以手工作业细心完成”，依然可能让情势逆转。**

某家美国二手衣专卖店由于人力较少，没有多余时间受理毛利较高的修补与改作订单。据说有一次这位老板前往迪斯尼乐园游玩，看到那里的员工都一脸开心地在打扫，于是深深体认到**“这也是一种表演”**。

受到启发之后，老板写了一张**“现场修补与改作”**的 POP 海报，员工开始在营业时间进行修补与改作的工作。前来光顾的客人看到员工正在修补、改作衣服，一开始只是好奇“他们在做什么”，进而产生兴趣，结果许多原本对于修补或改作不感兴趣的客人，也纷纷开始提出了这类要求。

正常来想，一般人会觉得服饰的修补与改作“无法在营业时间内进行”。不过，**只要换个想法，将它定位为“现场实际表演”的话，就能在营业时间内作业，而且还可以让订单增加，形成一种良性循环。**

此外，如果是店面空间狭窄的状况，也可以反过来应用。

举例来说，为什么美国的鞋店通常只陈列一只鞋子而已呢？道理很简单，**只陈列一只鞋，在同样的空间里，可以摆放的鞋子种类是以前的两倍。**

如果女鞋专卖店仿照“把一只鞋子掉在城堡里的灰姑娘”故事情节，制作一张 POP 海报，上头写着：“请您来寻找完全合脚的玻璃鞋！”这种做法应该也相当有趣吧。

运用这样的方式，**就能够完全掩盖“店面狭窄”的缺点，又能将“只陈列一只鞋”设计得像是为了表演一样，进而吸引顾客的目光。**

>>> 脑力激荡！观点补充

现在各位应该已经充分体会到**“只要运用特殊的方式吸引顾客，就能让商品的价值大大提升”**了吧。

日前我去观赏高中棒球赛，曾经看到这样的景象：某所高中在为棒球队加油时，使用的不是一般专为加油设计的扩音器，而是改用停车场常见的那种交通锥桶，在上面写了加油的话语，将它当成传统的超大扩音器使用。一个交通锥桶不到五百日圆，然而对于这所高中而言，恐怕相当于几十万日圆、几百万日圆的价值。

这个画面使我想到，也许可以生产一种“为贵校得胜加油的魔法特大扩音器”。比如，将写着超大“优胜”二字的交通锥桶，与用来写下加油语的笔凑成一组来零售，或许可以卖个五千日圆左右？

即使贵公司的商品只是极其寻常的东西，但是只要以这种方式增加它的魅力，价值就会呈现突破性的增长。

请各位务必好好思考一番。

>>> 要是我的话会这么做!

请试着将想到的点子写下来。

黄金法则二

表演法 2：煽情地讲述幕后故事

讲述商品不为人知的“幕后故事”

>>> 讲述“不为人知的研发背景”

以前 NHK[①] 曾经播过一个叫做“专案 X”（Project X）的节目，应该很多人都观赏过吧。

这个节目的内容都是非常感动人心的真实故事，讲述各种商品不为人知的研发背景，以及着手研发它的主角曾经流下的汗水与泪水。

只要看了这个节目，应该都会觉得里面介绍的不论是商品也好、服务也好，价值都大幅增加了。这就是**故事桥段可以提高商品价值**的好例子。

就像这样，请各位试着运用故事桥段，为贵公司的商品增添价值吧。

例如某家精品店很细心地整理顾客的资料，往往不着痕迹地推荐适合顾客的服饰或是顾客偏爱的服饰。

这样的服务本身当然已经很棒了。不过，虽然店家会针对每位顾客，将资料整理得非常仔细，但是由于没有实际呈现出来，消费者并不会注意到这些，不知道店家私下其实将自己的资料整理得十

---

① 译注：NHK：日本最大的广播电视机构。

分细腻。顾客甚至有可能以为，店家或许是瞎猜、不小心蒙到的。

因此，**不如直接将幕后背景化为生动的故事讲出来，积极塑造服务价值，宣传给客人知道。**例如，可以像下面这样：

本公司自开业以来，都会一一将顾客来店的资料归档。下次您再度光临本店时，我们的服务人员便会对照您的档案资料，认真为您建议适合您的服饰，以及您会喜欢的款式。

此外，为了提供更能令您感到满意的服务，全体工作人员皆取得色彩搭配师（color coordinator）的资格。

目前我们正推出全新的服务：每个客人皆可向本店索取您个人的档案资料，让您在前往其他店家购物时，也能轻易挑选喜欢的服饰。

对于这家店的评价，顾客原本认为“是一间品味很棒的店”。但是这么一做之后，**评价将会升级，变成“这是一间持续不断努力、让客人感到开心的好店家”**。

当然，这家店一直以来都是拼命地为顾客提供服务，但是往往必须将这些努力实际说出来，才能够让人真正地了解。

“不张扬，默默执行”固然是一种美德，但是**处于这个信息爆炸的时代，能够成功的多半都是“讲了，然后做到”的人**。

而且，即使同业也在做相同的事，但是因为“先讲先赢”，大家都会认为你才是原创者、才是始祖。

>>> 试着煽情地讲述“人的故事”

大家都很喜欢听“和人有关”的故事，例如一个人吃过多少苦头，或是为了完成什么事而流下多少血汗等等，并且对于这种不懈奋斗的精神感到动容，而这就是使得商品价值得以提升的重点。

因此，请试着回想过去是出于什么样的契机创业的吧，然后以煽情的口吻，将它写成“我们就是希望能够以这种方式让顾客变得幸福”的故事。

以前曾有一家土木业者来找我咨询。他们告诉我，想要摆脱承包商的身份，朝向终端用户的市场发展。但是，由于他们缺少品牌的力量，如果想要打破这种困境，只能凭借实际成果的累积；然而因为实际成果也是零，没有办法以此着手。

因此，我建议社长，将自己之所以决定开拓这项事业的过程，以“人的故事”的形式煽情地讲述出来。例如，可以像下面这样：

一开始，我不曾设定什么人生目标，所以不假思索地继承了父亲的事业。原本我对于工作的态度相当意兴阑珊，但是某次接受一项委托，前去某一户人家帮忙检查浴室、厨房等问题，当时，那户人家严肃地向我提及他们对于住家的一些不安感受。

当我提供意见给这些依赖自己的客户时，注意到一件很重要的事：人们对于自己的家，都怀抱着各种情感与梦想。我发现这

一点之后，便在心中发誓：我要将自己往后的人生都用来协助他们。

从那一刻开始，我发觉以往的做法没有办法让我实现这个誓言，于是心想，不如就改变原本的承包商身份，独立经营，以自己能够接受的方式细心地完成工作。这就是本公司改为独立经营的契机。

如何呢？会不会让你产生“未来，这家公司一定会诚心诚意地为我服务”的感觉？

土木业者、园艺业者，或是像企业管理顾问这类顾客没有接受过服务、就不知道结果如何的行业，若是能够像这样展现“人性”，将是提高价值的绝佳方法。

>>> 脑力激荡！观点补充

现在各位应该已经充分感受到“煽情地讲述幕后故事可以提高价值”的道理了吧。

我曾经和一位餐饮业顾问交换名片，他的名片背面印着“目前的我，正在活用各种经由‘将餐厅弄到倒闭的经验’所学习到的技术”，这句话让我大吃一惊。

由于印象深刻，一回到家我便上网看了他的网页，里面记载了很多他的失败经验，以及希望别人不会重蹈这些覆辙的心情。看了这些内容，让我更加觉得他值得信赖。

将一般人乍看之下都会觉得必须隐藏的事情，像这样大方地讲出来，也有可能提高价值。因此，不论好事坏事都不要隐瞒，请各位试着全部写出来看看吧。

>>> 要是我的话会这么做!

请试着将想到的点子写下来。

黄金法则三

表演法 3：找寻特色，创造英雄

只要加上特色，商品就完全不同

>>> 如何想出撼动人心的广告词

首饰是一种不可思议的物品，例如戴或不戴耳环，给人的整体印象是完全不同的。接下来要介绍的第三个表演法“强调特色”，就具有和首饰完全相同的效果——同样一件商品，如果特别强调它的某个特色，就会让消费者对于“是否要挑选这项商品”，或是“是否愿意用高价购买”造成完全不同的效果。

像这样**利用商品单一特点的价值，提升商品的整体价值**，就是强调特色这个手法的最大目的。

某家园艺业者在刚开业时，由于缺少过去累积的实际成果，只能靠着低价与同业竞争。但是开业至今三年，经营者觉得如果再这么延续低价路线也不是办法，因此动念决定要增加特色。

为此，他想出了一个能够触动社区居民心弦的关键句：**“我们的园艺布置，可以让您的房间看起来变成 1.2 倍大！”**结果成功吸引了许多希望有效运用有限空间的顾客。

当然，其他同业应该也具备“运用园艺布置，使空间看起来变大”的能力，但是由于那位经营者率先提出这样的广告语，**已经获得顾客的信赖感，觉得“这家业者懂得我的心”**。

从这个例子可以看出，重点并不在于能力问题，而是**告知顾客“我们想提供这样的服务给您”的举动，产生了极大的价值。**

“触动人心的广告词”并不一定要花钱才行，一般中小企业也可以运用智慧，找出自己的商品特色。

>>> 创造英雄

这里所谓的**“英雄”，指的是吸引顾客注意的形象人物，或是广告牌之类的东西**。这样一说，很容易让人联想到明星艺人或是知名人士，不过，如同刚才提过的“触动人心的广告词”，也有几乎不须花钱就能创造英雄人物的方法。

举个例子，中小型运动用品店进驻到大型购物中心后，由于顾客已经习惯“在周末一次买足”的生活型态，因此经营环境变得比过去严苛。

对此，可以考虑以英雄人物作为店家特色的做法。也许一般会想到“那就找高球名将老虎伍兹之类的名人担任形象代言人嘛”，然而对于中小企业来说，实际上并不可行。这时其实只要**活用“事业在当地深耕”的特点**就可以了。

如果当地有一所高中的棒球打得特别好，那么就利用这种**当地的英雄**，为那所高中加油，例如办一场“××高中棒球社后援活动”如何呢？将顾客在店里消费的金额挪出一部分，作为支持该棒球社的资金，或是组团与顾客一起前去加油，应该都可以吧。

当然，这样的手法也可以应用于足球等各种运动项目上。

一讲到英雄（广告牌），很容易想到“要花钱做”，然而其实花大钱并不见得划算。因此，可以把**在当地有名气、或是只有喜欢运动的人才认识的对象，设法塑造成英雄**，此举不但别人难以模仿，店家的风评也会大幅上升。

最后，成为“英雄”的棒球社势必会变成这家店的忠实顾客，而他们的粉丝也会前来……像这样，**粉丝的效应会渐渐扩大**。即使附近还有其他大型店家，但以英雄方式所创造出来的消费族群，仍然会不离不弃。

>>> 脑力激荡！观点补充

现在各位应该已经充分理解，只要加上一点特色，商品就会变成完全不同的东西了吧。

我很喜欢印度和斯里兰卡的咖喱，也吃过许多餐厅的咖喱料理，不过其中有一家店我比较常去。如果问我，这家店的餐点和别家有很大的不同吗？说真的却又不是这么回事。

我之所以会常常去那间餐厅，理由在于餐后只要点了奶茶，就能看到某项表演——服务生会拿着两个杯子，把红茶和牛奶在两个杯子之间倒来倒去，混合在一起。

虽然只是这样，可是因为每次看到这个表演我都很开心，不知不觉就会一再前往，而且和朋友一起去吃饭时，也会以它作为聊天的话题。因此，消费虽然比起其他店家稍贵，可是我并不介意。

>>> 要是我的话会这么做!

请试着将想到的点子写下来。

黄金法则四

表演法 4：权威推荐，大家都有

消费者抵挡不了“权威保证”或“大家都有”

>>> 何谓“权威保证”？

所谓**“权威保证”，就是获得别人的“推荐”，促使商品价值提升**。请试着在贵公司的商品之中，**针对知名度特别低的商品采取这个方法**。

即使公司再怎么大力宣称“这是很棒的商品”，说了一百万次，消费者听起来也不过只是“推销”而已；但是如果经由别人推荐，印象就会整个改观。

某家经营二手车销售与维修的业者，由于竞争越来越激烈，即使卖掉一台车也几乎赚不了钱，这个状况让他们备受折磨。虽然也曾经想过，暂时将毛利相对较高的维修当成主业，然而由于员工的年龄较高，不得不打消这个念头。

在这样的状况下，该公司的社长找到了一条活路：**以“既能享受开车的便利又兼顾环保”为诉求，在车内装设能够产生负离子的机器**。由于这是毛利较高的商品，毫无疑问对于利润的提升将有所贡献，但是销路却没有当初想象的那么好。

原因在于，必须要有权威保证。因此，该公司一方面收集报纸杂志关于负离子的详尽报道，一方面也请研究负离子的大学教授撰写推荐文。结果，原本抱着怀疑态度观望的顾客，也渐渐开始尝试购买这项商品，替这家公司确立了新的获利来源。

若是能像这样**巧妙地活用社会信任度较高的媒体报道，或是大学教授的推荐文，就能为公司的商品建立值得信赖的感觉。**

此外，到商工会议所①这类公共机构登录，也很有效果。如果公司的知名度不高，就通过具有公信力的人推荐，间接提高商品的价值，这一点很重要。

>>> 如何让消费者觉得“大家都有”？

如果很难找到“权威保证”，也可以用数量取胜，也就是运用“大家都有”的方法。许多餐厅为什么会陷入经营不善的窘境呢？我来举一个例子。

刚开业时，店家会认为“如果不卖得便宜一点，客人就不会上门”，因此菜单都是以一千日圆左右的套餐为主。结果名气越来越大，成为一间“便宜又好吃的餐厅”，店里的生意开始变得热闹起来。然而，仔细计算收益后，却发现完全没有赚到钱。在慌张之下，决定在菜单里列入三千日圆至五千日圆的套餐，并且积极向客人推荐，但几乎没有人点。

为什么呢？因为“顾客心中已经有固定想点的东西了”，一旦变

① 译注：商工会议所是日本公益社团法人，为地区性的工商组织，以促进当地工商发展为目的。

成这种情况，即使菜单上再怎么注明“本店推荐”，客人还是不太会点价格较高的餐点。

因此，我建议各位采取**“大家都有”**的做法。

举例来说，可以通过办活动的名义，请顾客免费享用、提供感想。当然，如果活动无法取得客人满意的回应或是满脸笑容的照片就失去意义了，所以必须经过某种程度的设计——告诉顾客**“我们正在征求试吃后觉得满意的食后感想，您的感想如果写得够有趣，我们会提供很棒的奖品”，**善加利用这种心理，客人自然就会写好话了，然后**收集这些顾客的感想，在店里公布。**

想要创造新的潮流，就必须收集体验者的心声。数量越多，价值就越高，然后就会慢慢聚集一批忠实的追随者。只要以此为突破点，让新的品种获得大量支持，最后就能将它变成新菜单了。

或许各位会认为“花这样的钱办活动，实在太浪费了”，但是与其耗费时间一点一滴地扩散，不如仿照**这种做法，虽然花费成本，却可以快速推广自己想卖的东西，反而更加经济实惠。**

>>> 脑力激荡！观点补充

现在各位应该已经充分了解，获得别人的推荐或是收集顾客的心声，是相当有效的做法了吧。

最好的例子是电视购物——购物台的主持人天花乱坠地描述该项商品的优点，担任特别来宾的艺人接着发表评论，不停地说："这个东西好棒耶！"然后现场会涌起一阵"哇～"的赞叹声。经过一连串不断提高商品价值的过程之后，最后再来一句："最让人在意的价格部分，是……"报出一个比观众想象的价格低得多的数字，现场再涌起一片"好～便宜～"的欢呼声，主持人此时再加码："立刻订购，特别加送××与○○！"

实际去跟曾经与电视购物台合作的人查证就会发现，无论何种商品，只要采用这种手法，据说都会大卖。

确实如此，连我也曾经有两次在半夜盯着电视，不小心买了"不买也无所谓"的商品。**别人的声音，就是这么有力量。**

即使必须花费成本，也请各位务必试着花工夫收集别人的推荐。

>>> 要是我的话会这么做!

请试着将想到的点子写下来。

黄金法则五

表演法 5：限定数量，限定时间

只要限定数量与销售期间，就能点燃“想要的心”

>>> 以“人数限定”提升满足感！

只要数量有限，就能产生价值，举一个简单的例子就能明白：据说以前鲸鱼肉是便宜的食材，连学校的营养午餐也会出现；但是自从捕捉越来越难之后，鲸鱼肉的价格就上涨了。

某家法国餐厅以“顶级早餐”为号召，提供十万日圆的双人餐点。餐点使用的当然是昂贵的上等食材，但不只是如此而已——由于完全包场，餐厅里所有的员工都只为这两位客人提供服务。

这样的情境，使得这顿餐点产生极高的价值感。两位客人受到所有员工的全心关注，服务得无微不至，满足感便大大提升了。

由于顾客的感动程度相当高，不但可望**再次消费**，形成口碑营销，还会连带产生“十万日圆以下的餐点好像变便宜了”的**对比效果**。

像这样采取**“人数限定”的方式，巧妙活用其价值，就能让顾客觉得那是“只有自己独享的服务”**。

同理，私人教学之类的课程也是如此，**“透过一对一教学，提供个别课程”的特点正是它的价值所在**。

>>>“销售期间限定”可以点燃“想要的心”！

此外，还可以采取**“销售期间限定”**的方法。消费者往往会认为“现在不买没关系，以后再买就好了”，这是因为店家没有把商品价值彰显出来的缘故。因此，**店家应该细心提醒顾客该项商品的稀少性，**这一点很重要。

超市里聚集了各式各样当令的天然食材，如果这类产品的价值没有充分传达给消费者，他们就会因为已经习惯购买温室栽培的东西，认为“想要什么，随时都吃得到”是理所当然的。

如果有人问我：“现在当令的食材是什么?”很不好意思，说实在的，我也无法立刻回答出来。

越是比我年轻的后生，应该会有越多人误以为食材与季节毫无关系、全年都买得到、随时都吃得到吧。

为了提醒消费者，不妨在 POP **海报上详细地说明**。例如像下面这样：

充分沐浴在阳光下的草莓！

美味的程度，是温室栽培无法相提并论的。

请务必吃一口看看。

然后，旁边再注明天然采收的期间。这样一来，**顾客就能理解“原来只有现在才吃得到”，促使他们立刻购买。**

即使不是食材，其他的商品仍然可以**利用季节特性**来提升价值。例如某家快餐店将赏花的照片与附近绝佳的赏花地点绘制成一张地图，贴在店内，提醒顾客别错过赏花时机，获得了顾客好评。

花季、烟火季这类活动，往往是才想起来却已经结束了。只要利用季节限定的特性，就能**通过“唯独此时才能体会”的心理，打开顾客的心扉**。

运用“期间限定”的信息，可以提升顾客的满足感。

>>> 脑力激荡！观点补充

现在各位应该能够理解，**价值会因为“限定”而提升，使人突然变得“好想要”**。

经营研讨会最近有一种奇妙的现象：收费较低的，反而比较难以吸引大家参加。

反之，那种收费高达几十万日圆，将充实的内容确切提供给少数学员的研讨会，参加人数却持续增加。一方面由于人数较少，讲师可以专心设计一些适合参加学员的内容；另一方面，参加者如果有不懂的地方也比较容易发问。

重点在于，它很接近“量身订做”的形式。因此，大家可以认同它具有“虽然贵，但是适合自己”的价值。

由于这个方法各个行业都行得通，请各位务必试看看。

>>> 要是我的话会这么做!

请试着将想到的点子写下来。

重点整理

好了，各位觉得如何呢？

只要逐一将“增加商品吸引力”、“煽情地讲述幕后故事”、“找寻特色，创造英雄”、“权威保证，大家都有”、“限定数量，限定时间”这五种方式套用到自己公司的产品上，商品的价值应该会增加不少吧。

即使觉得以公司目前的状况来说，其中某些方法难以应用，这也没有关系。重点在于，请先采取目前可行的方法，将商品的价值慢慢提高。

我将本章内容汇整为易懂的示图，请各位翻到下一页，复习一下吧！

提升商品价值！五种表演方式

1. 增加商品吸引力——将商品最吸引人的一面表现出来

◇ 在容器等方面下工夫，使外观亮眼。

◇ 逆向思考，将缺点化为迷人的优点。如果员工人数较少，可以强调“如同在家一样舒适”、态度诚挚的服务。

2. 煽情地讲述幕后故事——讲述商品不为人知的“幕后故事”

◇ 刻意讲述不为人知的研发背景或幕后故事。

◇ 试着以“人的故事”的形式，讲述开始创业的机缘，或是“希望顾客能够以这种方式变得幸福”的热血心情。

3. 找寻特色，创造英雄——只要加上特色，商品就完全不同

◇ 创作出撼动人心的广告词，展现“我们想将这样的服务提供给您”的心情。

◇ 创造英雄（形象人物、广告牌）。

4. 权威推荐，大家都有——消费者抵挡不了“权威保证”或“大家都有”

◇ 活用社会公信力较高的媒体报道或大学教授的推荐文，为公司商品植入信用。

◇ 透过免费体验等方式，大量收集体验者的“推荐心声”。

5. 限定数量，限定时间——只要限定数量与销售期间，就能点燃“要想的心”

◇ 诉诸“人数限定”，强调“这是唯独您才能得到的服务（商品）”。

◇ 诉诸“销售期间限定”，“以后就买不到了”的感觉能够开启顾客的心扉。

以待客方式进一步提升附加值

通过待客方式一举提升商品价值！

与很多企业接触之后，我有个感觉："不久的将来，在技术方面，大多数行业应该都有可能改由自动零售机来经营"。

假如哪天出现一种可以代替餐厅的机器，一按下点餐钮就会帮你做出美味的料理，或许并不奇怪；如果出现一种可以代替美容院的机器，由电脑读取发型设计的资讯，照着那个造型帮你理发，恐怕也不会觉得不可思议。

也就是说，如果只是为了提供商品或服务给顾客，那么自动零售机就足以胜任了。

一旦科技发展到这个程度，**将来还能够继续存活的公司或企业，绝对是能与顾客构建信赖关系、能以伙伴的角色将顾客心里的期望一并考虑在内的企业**。只要可以做到这一点，就能前往**与价格竞争完全绝缘**的世界。

因为，人一旦心里产生"今后也要一直受这个人照顾"的感受，就很难因为降价而动摇。

最容易理解的例子就是医生。应该不会有人和医生讨价还价吧，反之，病患往往愿意多付一些钱，希望医生全心全意地为自己诊治。这个道理完全可以应用于其他种类的生意。

想要构建信赖关系，具体来说有以下五种方法。这五个方法是一系列的步骤。

〔**提供商品的方法**〕

1. 感同身受，建立信赖

对于顾客的想法感同身受，使对方觉得“你是能够了解我的人”、“你是值得信赖的人”。

2. 诱发潜在需求

找出顾客真正感到困扰、真正希望的事（潜在需求）。

3. 开诚布公，讲述亲身体验

以专家的身分，给予顾客“什么和什么搭配在一起会更好”的提案。

4. 提供内行的建议，收集各种冷知识

具备关于商品的专业知识或顾客期待听到的冷知识（杂学般的知识），可以提高商品价值。

5. 树立专业形象，演什么要像什么

彻底成为顾客信赖的角色后，就能在对方心中建立“伙伴”的地位。

以上五项做法的成果虽然会因人而异，然而应该每一项都是可行的。请各位依序采用看看。

黄金法则六

提供方法 1：感同身受，建立信赖

通过感同身受，在顾客心里建立屹立不倒的信赖感

>>> 消除顾客的疑心病

“这个人可以相信，可以依靠。”

“这个人的协助是必要的。”

为了让顾客对你产生这样的想法，也就是说，让他们觉得你提供的商品很有价值，应该怎么做才好呢？

很简单，就是**对于顾客的烦恼感同身受**。只要有人对自己的事情感兴趣，我们对这个人的评价自然就会提高。**购买商品的人一定都有各自的烦恼，希望“改变现在的状况”，只要对这一点感同身受即可。**

举例来说，住宅改建公司已经将估价单交给前来询问的客户，然而往往到了即将签约的阶段，常会出现最后未能成约的状况。客户会说“再让我考虑一下”，结果等了一个月左右再联系时，他们却说“已经找别家了”，或是“以后再说吧”。

其实，只要能够消除客户的疑心病，他们签下合约的机率就能大幅提升。具体来说，就是**客户难以启齿询问的事（价格或技术水准），由我们主动告知。秘诀在于以个人的身份和他们聊天。**

例如，像下面这样：

> **您想必感到很迷惘吧，一方面想要多看几家公司提出的估价单，一方面心里也觉得这笔费用并不便宜，而且在技术上也希望可以达到一定的水准吧。**

光是主动开口讲出这番话，就能让客户不再受到怀疑的心理影响，愿意对你说出真心话。毕竟，对于业务员展现出来的感同身受的态度，会使客户产生一种说不出来的安心感。

客户并不具备专业知识，因此，乍看之下微不足道的小事就可能影响到他们的想法，使他们自囚于各种疑心生暗鬼的情境里，因而犹豫着到底该不该签约。

暂时先停下来，与顾客一起面对不安的感受，即使这么做多少会让自己公司的商品变得比较不利，还是要真挚地对待顾客，彻底展现“我们一起来将这股不安感解决”的态度。**唯有抱着诚恳的态度，才能与顾客建立情感的联系，让他们愿意“就把一切都交给这个人处理吧”。**

先将生意上的考虑摆在一边，站在顾客的立场，与他们一起烦恼。这样的做法最后将可造就成功的事业。

››› 与顾客一起“做白日梦”

不要只是消除顾客的负面心理，**与对方共享的正面想象也很重**

要。英文的“Day Dream”一字如果直译就是“白日梦”，这里指的是**与顾客一起想象未来的理想状态。**

例如，在美容沙龙里，目前很少有顾客愿意付高价做全套保养。所以，想要销售像SPA这种“不买也无所谓的东西”，成功的关键在于要**花心思将“不买也无所谓的东西”，变成“非买不可的东西”**。

顾客第一次来店里时，想必怀抱着“想要瘦下来、变漂亮，让男友喜欢”之类的“憧憬”。然而，人往往不太能贯彻始终，例如会渐渐觉得与其花时间减肥，不如穿上时髦的名牌服饰还比较省事。顾客如果像这样朝着轻松的做法去思考，对于美容沙龙的需求就会越来越薄弱了。

与顾客一起“做白日梦”可以解决这个问题，而这种方法能否成功的关键，就是在为客人进行保养的时候。在保养前、保养中、保养后，都要**以如同老朋友一般的口吻，一直跟顾客谈论“一旦变成自己理想中的模样，会是多么美好的事啊”**。

这么一来，顾客会在心中比之前更深刻地描绘出“自己的理想模样”，不知不觉就会花钱做全套保养了。

实际与顾客交谈，可以促使客人的欲求增加；与顾客共享梦想，可以让客人觉得你（共享者）有如革命同志一般。能够做到这一点，即使你推荐高价的保养疗程，客人也会说“就交给你了”，爽快地答应。

陪顾客一起做梦，可以使顾客不去选择轻松好走的道路，让他们愿意克服万难，此外，也能一口气加深彼此之间的信赖关系。不只SPA如此，**升学补习班与健身房等需要双方同心协力进行的行业，理当全都适用。**

>>> 脑力激荡！观点补充

各位觉得如何呢？应该已经实际体会到“感同身受”的效果了吧。

前一阵子我和一位销售牙科材料的业者聊天。虽然在这个业界，客户讨价还价的状况十分普遍，但是与该公司往来的牙科诊所却完全不曾讨价还价。

问他秘诀是什么，他是这么说的：“本公司卖的不只是牙科材料，而是一并考虑牙科诊所经营者、员工以及病患在什么样的环境最能感到舒适，才提出我们的商品建议。”

这段话使我确信，**那些嘴上说着“降价竞争在这个业界很普遍，所以……”而放弃坚持的业者，果然还是错了。**

各位所处的行业又是如何呢？

>>> 要是我的话会这么做！

请试着将想到的点子写下来。

黄金法则七

提供方法 2：诱发潜在的需求

将顾客自己也没注意到的潜在需求引导出来

>>> 整理模糊的需求，使之成形

很多人都“不知道自己想要什么”，此时如果能够帮他们将需求挖掘出来，将会产生意想不到的效果。

饭店的门房是万能的服务人员，他们能帮客人解决一些“多多少少不方便”、却又不那么明确的烦恼。

例如，如果客人询问“从现在到傍晚之前的时间要怎么打发”，他们会提供顾客各种指引，直到顾客满意为止，像是“看看舞台剧，如何?”或是“搭乘观光巴士逛城市一圈，如何呢?”、“到饭店的美容沙龙放松一下，怎么样?”，这是相当让人感到贴心的角色。

某家牙科诊所汲取了这个精髓，设置了一个称为“候诊服务人员”的职务。他会观察前来看诊的病患表情，如果候诊时间比较长的话，会帮忙确认，然后告诉病患：“再五分钟左右就轮到您了，可以吗?”如果发现某位病患看起来不开心，就会询问对方是否在烦恼什么事，也就是担任照顾病患心情的工作。

牙医诊所安排这样的员工，乍看之下或许很浪费人事成本，但其实完全不是如此。很多病患面对医生时比较不敢畅所欲言，再加

上接受治疗或照料时，心情上也比较没那么放松，不愿意把各种想法讲出来，导致心里的话难以对医生启齿。不过，一旦不讲，又会累积成为心里的不满。

因此，在候诊这种相对来说较为放松的时候，如果由候诊服务人员轻声与病患交谈，通过轻松的对话，病患或许会不自觉地说出自己的心情，像是“医生之前说这样就治好了，我也就没有再多说什么，但我总觉得好像还没有完全治好”。遇到这种状况，候诊服务人员就可以马上为病患安排复诊的手续。

此外，对于植入人工牙齿这种高额的植牙手术治疗，病患多半不会断然决定说“我不要植牙”，而是会在心中如钟摆前后摆荡，犹豫着“要不要做?”、“怎么办才好?”

在这种时候，候诊服务人员可以倾听病患的心声，然后告诉病患：“如果不选择植牙，未来就必须一直忍受戴假牙的麻烦，是不是毅然接受植牙手术比较好?”**帮助忙乱的病患整理脑中的思绪**。通过这样的举动，或许可以促使更多病患决定接受昂贵的植牙。

像这样**倾听病患心中的烦恼，可以消除他们心中的焦躁与不满，进而产生信赖感**。此外，病患在**有人听自己说话、帮自己整理好思绪后，也可能会愿意接受原本犹豫不决的高额治疗**，如此一来，既可提高诊所的收益，又能让病患感到满意。

>>> 大幅扭转顾客的想法

此外，也可以采取“大幅扭转顾客想法”的方式。

顾客是外行人，因此很多时候都会以自己的认知对商品做出判断。所以，**可以通过引出顾客的烦恼，把意想不到的商品使用方式建议给顾客。**

例如，之前我跟某有线电视服务商签了约。但是有线电视业服务商的业务员第一次到我家来推销时，我直接告诉他“不需要”，就把他赶走了。因为当时对方只向我宣传有线电视可以看到“很多”节目，像体育频道，等等。

其实，对于电视我一直有个烦恼：由于我家用的是室内天线，画面并不稳定（因电波状况的影响，有时画面会变得不清晰）。

将有线电视的业务员赶走之后，过了几个月，某天我偶然向朋友提到这个问题，他却建议我付费看有线电视。他说：“有线电视因为是有线，画面当然不会受到干扰。”

朋友的这番话，提到了那位有线电视业务员没有说明的使用方式，由于这个优点说服了我，所以隔天我就把有线电视的业务员叫来签约了。

为什么业务员没有提及这一点呢？

答案很简单：**他热衷于自己的业务推销用语，没有把焦点放在顾客的烦恼上。**

如果之前业务员问我：“村松先生，关于电视节目的收讯状况，您有没有什么觉得困扰的地方呢？”或许我就会立刻把自己对于室内天线的不满讲出来吧。这么一来，业务员就可以为我说明有线电视的功能，然后我就会当场签约收看。

针对像我一样使用室内天线的家庭，只要提出“可以收看稳定的画面，想要录起来也比较放心”的广告词，签约机率应该会大大提升吧。

像这样，**不是只顾着推销自己公司销售的产品，而是把焦点放在如何引导顾客的潜在需求，就不需要重复那些无用的推销语言，也不需要降价了。**

>>> 脑力激荡！观点补充

能够率先找出顾客烦恼的公司，将会发展得最顺利。

举个例子，假设顾客隐约感到烦恼的部分是在“上游”，已有明确商品存在的状态是“下游”。下游的竞争十分激烈，上游却空无一人。所以不该坐着等待顾客的需求流到下游来，而是要划到上游去捡拾顾客的需求，这一点很重要。

很可惜，我自己很少碰到这样的业务员。不过，现在我所使用的笔记本电脑，就是一个新手业务员逐一询问我的需求，拼命找出最适合我的型号后，我才买下来的。

现在回想起来，或许正是因为新手的知识不足，他们也只能倾听顾客的烦恼。这么说来，所谓“新手的幸运”（beginner's luck），也就是“新人签约的成功率较高”，或许正是出于这样的理由吧。

⋙ 要是我的话会这么做!

请试着将想到的点子写下来。

黄金法则八

提供方法3：开诚布公，讲述亲身体验

卖家以亲身体验的真挚方案吸引顾客

>>> 开诚布公交谈，“推销感”就会消失

在重要的关头，如果无法给予顾客明确的方案，就无法吸引具有高消费力的顾客。能够不着痕迹、不带推销感地为顾客提出解决方案，这一点相当重要。秘诀在于“要开诚布公与客人交谈”，虽然仅是将事实告诉顾客，却可以成为强而有力的方案。

某位财务顾问在创业之初，不假思索地在网站上以“可以为您删减成本”做广告，但几乎没有什么生意上门。因此，他又加上一句广告词：“免费为您进行成本删减的模拟”，就渐渐开始有生意了。

他以免费模拟的方式，分析顾客的决算书或付款明细表等文件，先具体列举出“节省电费××日圆”、“节省水费××日圆”、“节省邮资××日圆”等项目，然后将他是透过什么方法节省的细节，也一起汇总整理到报告里，将方案提交给顾客。顾客因此能够依照逻辑判断，“既然可以省这么多，这样一来就算加上顾问费，也十分划算呢”，立刻决定交由他处理。

说到这里，大家或许会认为“连具体做法都写出来的话，那么顾客自己动手做不就行了”，然而事实并非如此。

即使顾客得知节省成本的原理，但是要他们从零开始，准备相关文件、记录一些细节，毕竟还是很麻烦的事情。如果怕麻烦不做

这些事，原本必须多花好几万日圆，现在只要把因此节省下来的钱拿出一部分请人帮忙，未来就能长期节省费用，很多人最后都会选择这种做法。

大多时候，顾问都不会公开任何做法，将它视为公司机密，但这样其实才会招致反效果。因为这种黑箱作业的方式，会导致顾客产生“事实上也许可以省更多吧？这样的话，还不如自己来做……”等疑虑。

如果反其道而行，先公开公司的机密，再补上一句：“你们要自己来吗？还是要委托我们来做呢？”这样的销售方式听起来比较具有诚意，对方自然也就愿意委托了。

>>> 员工叙述的亲身体验，可以使顾客心动

此外，员工讲述自己的亲身经验也很重要。**不要拿出印好的介绍手册，而是提供顾客活生生的信息，这样更能赢得他们的信任。**

国外的餐厅通常都委派服务生为每一桌顾客提供服务，因此他们都相当积极。

去年我到夏威夷时，前往某家餐厅用餐。就在我烦恼要点什么的时候，店员过来和我说话。

我问他推荐什么餐点，他回答：“This is the most popular dish at our restaurant.”（这是本店最受欢迎的一道餐点），然后再加上一句：“But all of them are good, of course. I especially recommend this.”（当然每道餐点都很美味，只是我个人特别推荐这道）。他就是用这种方

式向我提出自己推荐的餐点。

当我问他“为什么”时，他一面比出吃东西的动作，一面开心地向我解释。结果，我连价格也没看，就点了那道餐点（虽然他讲的内容，后面有一半以上我都听不懂）。

对，并没有什么道理。

这是全世界通用的法则。我知道日本一家汉堡店的做法就是这样，一旦顾客为难得不知该点什么才好，店员就会马上为客人做推荐。由于店员会明确描述自己“享用前的印象与实际的食用感受、食用后的满意度”，大多数顾客都会不在意价钱，直接点那道餐。

没有什么比“亲身体验”更能产生说服力与信赖感了。因此，负责推荐餐点给顾客的男女服务生，必须先亲自吃过所有餐点。

当然，不仅餐厅如此，电器行、汽车经销商、珠宝店也一样。自己没有亲身体验过的东西，是无法讲述的。**讲述自己的体验，将可创造信赖感，提升价值。**

在开会的时候，召集店内的全体员工举办试吃会、试穿会、试乘会等活动，之后再热情地向顾客讲述自己的感受。像这样的角色扮演，也不错吧。乍看之下是很浪费时间的做法，却能产生很大的价值。

>>> 脑力激荡！观点补充

各位是否能够理解“只要方案的方式正确，顾客什么都会买”的道理了呢？顺带一提，对于这类提及亲身体验的对话，我个人是完全抵挡不了的。

近来，有特色的路边摊越来越少了。以前某次外出欣赏烟火，我曾经碰到过一家有趣的炒面摊。那个摊子的大哥很会掌握说话的节奏，他会说：“我绝对推荐的是这一道在炒面上放上虾子与乌贼的特别餐。这样超好吃，我绝对保证！算了，只算你虾子的钱就好，就当是被我骗，请您点看看吧！”受到他这种热情态度的感染，我不由得点了特别餐。

实际吃起来，真的很美味；那位大哥的描述方式一直留在我的脑海里，更是令人觉得滋味无穷。这个经验让我深切体会到，话术也是一种“调味料”。

>>> 要是我的话会这么做！

请试着将想到的点子写下来。

黄金法则九

提供方法 4：提供内行的建议，收集各种冷知识

“专业知识”+独特的“冷知识”，可以赢得顾客的心

>>> 以专业知识提供顾客真正的服务

“责任自负”一词随处可见，举个例子，美国常有一些“抽烟得了癌症，厂商要负责赔偿”，或是“零食吃了变胖，厂商要负责赔偿”之类的诉讼。乍看之下像是在找厂商麻烦，但如果换个角度来看，倒也让人觉得，或许正是确切地掌握到了“责任自负”的精神。

因为，原告的主张是“因为厂商没有充分告诉我抽烟的害处，我才抽的。如果我知道的话，就不会抽了”。也就是说，原告主张“充分告知香烟害处，是厂商的责任”。

举个简单易懂的例子，医生不会因为病患对他说“我拉肚子，请帮我开止泻药”，就随便帮病患开药。因为如果是食物中毒的话，止泻有时候可能会致命。也就是说，再怎么强调“责任自负”，医生还是无法直接照着病患的希望，开立止泻药。经由医生诊疗所开出的药物，如果病患擅自选择不服用的话，病患才能够称得上是“责任自负”，不是吗？

这个道理对于其他产业而言也是一样。

例如建筑公司，它们不能只是照着客户的要求把房子盖好就行了，因为客户是建筑的门外汉，就算他本人再怎么希望，如果对于设计专业会产生任何不便之处，还是应该以专家的身份告知客户。

餐厅也是一样，顾客在不知情的状况下点了一份会辣的餐，此时理所当然应该告知顾客“这份餐会辣喔”，对吧？

当然，我们无法在事前预测各种状况，不过重点在于应该确切体认“顾客是外行人”，**必须以专家身份尽量告知顾客必要的知识，再由顾客自行判断，才是建立长期信赖关系的秘诀。**

>>> 以顾客期待的“冷知识”提升销售力

此外，如果只有专业知识，顾客并不会产生期待感。现在的社会，“想要过得更舒适”的需求，比起“想要解决问题”的需求更强烈。这就是“冷知识”的由来。只要看过诸如《冷知识之泉》的电视节目，就能够理解**这是一个“杂学知识”受欢迎的时代。**

由于竞争越来越激烈，某家便利商店只靠销售生活必需品的经营模式使它几乎撑不下去，因此决定大力销售 DVD、交换卡等休闲娱乐性商品。

此时该店制作的正是“冷知识 POP 海报”。大多数便利商店只是把商品摆出来就不理睬了，但是据说这家便利商店的店长会针对每一张 DVD 上网搜索，找出它们的精彩卖点，或是幕后花絮之类的信息，再以“来自店长的一句提醒”为题，将内容贴到 POP 海报上。结果，原本只是来买果汁等商品的顾客，不由自主地停下脚步买了 DVD，客单价因此就一口气提升了。

由于提到的例子是便利商店，所以使用的是 POP 海报，如果是其他类型的店，只要以口头方式讲述这类信息的话，也能够促使客单价大幅增加吧。

由于现在物质丰足，没有买不到民生必需品的问题，而且由于百圆商店的出现，必需品变得越来越便宜。**于是消费者手里多出来的钱，就会花在能让自己产生期待的东西上面。**

也就是说，大家的生活型态变成了“食物等生活必需品尽可能买便宜一点的，多出来的钱就去买高达两、三千日圆的 DVD”。

换句话说，现在的顾客花钱不是因为“有需要”，而是因为“有乐趣”。越能讲述乐趣给自己听的店员，越受顾客喜爱。

因此，倘若你是零售生活必需品的店家，同时也零售这类休闲育乐用品，或是即使只是生活必需品，只要能够多花点心思让顾客产生期待感，客单价将会明显上升。

顺带一提，先前提到的那家便利商店，每个月会更新泡面的“本店人气排行”，使得销售量大增。即使只是食物这类的生活必需品，只要加入这样的巧思，销售力和业绩也会明显提升。

>>> 脑力激荡！观点补充

各位应该已经理解，专业知识或冷知识可提高商品价值了吧。

最近有些食品制造商使用了过期的材料，或是使用了与标示不符的成分制造……这是一个食品安全堪虑的时代。

我认为，未来若是零售加了来路不明添加物的食品，或是销售料理方式不明的商品，会越来越行不通。

能够在二十一世纪存活下来的销售型态，是尽可能以清楚易懂的方式标示、说明，让顾客在充分理解下挑选的产品。

即便如此，因为吃零食变胖而提起诉讼，我想毕竟还是做得过火了点……（笑）。

>>> 要是我的话会这么做！

请试着将想到的点子写下来。

黄金法则十

提供方法5：树立专业形象，演什么要像什么

满口蛀牙的牙科医师没人会去看！

>>> 扮演“老师”的角色引领顾客

一般而言，大家都会觉得付钱的顾客说话比较大声，提供商品的人说话比较小声。但是仔细想想，就会发现事实并非如此。

例如，顾客因为电脑坏掉而感到烦恼时，电脑店如果全都坏心地说“不帮你修”的话，比较困扰的还是顾客。从这种角度来看，应该可以说店家与顾客是平等的吧。

再细究的话，如同我们目前为止所讲的，**对于顾客的烦恼抱着感同身受的态度、提供确切的专业知识给顾客**，反而可以当成是顾客受到业者的帮助。

因此，我要告诉各位，**大家口中“师”字辈的人，是如何推荐高价商品的。**

以牙医师为例。根管治疗后必须做牙套的病患，必须选择要装医保报销的一般牙套，或是医保不报销的陶瓷牙套。品质比较好的当然是陶瓷牙套，然而病患并不了解两者之间有什么不同。如果什么都不告诉病患，他们应该会选择医保报销、较便宜的牙套吧。

但是，此时牙医师如果以认真的表情，补上一句“虽然贵了一点，但由于您的牙齿属于××型，所以戴陶瓷牙套会比较好”，会怎么样呢？

病患应该会觉得：“因为医师是帮我诊断之后才会这么建议，所以一定要这么做才对。”所以即使有些勉强，还是会选择陶瓷牙套。

一点也不困难，对吧？病患感到迷惘，医师所做的就是帮他解决困惑而已。

那么，不属于“师”字辈的行业，是不是就不能使用这种方法呢？这倒也不尽然。我经常对前来找我咨询的客户这么说：“其实你也是‘师’字辈的啊。”

我的客户如果是精品店的经营者，对方可以提供我时尚方面的建议；客户如果是餐厅业者，对方可以巧手为我料理当令的食材；客户如果从事电脑行业，可以为我解说最新机型的使用方式以及它的优点等等。每个客户都是老师、大师。

但是，即使具有“师”字辈的功力，如果认为自己的工作不过是打收银机、帮客人的商品结账而已，那就太可惜了。

业者必须意识到，对于销售的商品，自己非得是顾客的老师不可。当顾客有烦恼来找你商量时，就要以一种“拯救腹痛的病患”的心情来帮助他们，**如此一来，顾客就会觉得你值得信赖、尊敬，依循你的建议购买商品或服务。**

>>>“演什么像什么”很重要

“演什么像什么”是非常重要的。面对顾客，如果显露出模棱两可的态度，将会导致他们对你的信赖感产生动摇，觉得你“靠不住”、“很随便”、“信不过”。如果能够让顾客觉得所有店员都各自扮演好自己的角色，他们就会完全信赖你。

只要想一想与此相反的负面案例，就可以明白。例如，明明是牙医师，牙齿却脏得要命；明明是酒保，却不胜酒力；明明经营园艺业，自己家的院子却任其荒废……这样的状况只要稍微被顾客知道，他们可就退避三舍了。

某家有机料理餐厅非常坚持使用“无农药蔬菜”的食材，前来光顾的人理所当然都是非常追求健康的顾客，聊天的话题往往都和健康有关。由于在店里工作的所有员工也都是对于有机料理非常坚持的人，因此只要顾客聊起健康的话题，他们都能轻而易举对答如流。**正因为员工像这样“演什么像什么”，顾客才会感到安心而一直前来。**

这样的角色扮演，可以塑造商品的价值。因为顾客的需求并非只是“想吃有机料理”而已，他们是以“想要健康”的心情来店用餐。这种时候，店员如果在厨房吃垃圾食物的话，会给人什么样的感觉？没错，这样一来顾客的心情就会被破坏了。

反之，如果能让顾客观察到这家店的员工对于健康都十分讲究，就会安心前来光顾。店家的经营方向与店员的认知一致，这种待客方式将能持续获得顾客的信赖，使得顾客一进入这个用餐空间，可以一直维持相同的心情。

如果做到这一点，客人一定会不知不觉待得很久，加点的菜也会变多吧。

为了实现这个理想，在招聘员工时就必须费心挑选。人手再怎么不足，也不要轻易增加打工人员；**好好雇用与店家立场一致的人才，是提高价值的秘诀。**

>>> 脑力激荡！观点补充

各位应该能够理了解，**公司若能扮演专业的角色，将是赢得顾客信赖、提升价值的秘诀。**

例如，在挑选健身房时，介绍手册上印的若是肥胖上班族正在努力健身的照片，想必没有人会加入吧；反之，如果介绍手册上印的是模特儿的照片，身材好到让人觉得“根本没必要去健身房吧”，反而会激发顾客加入健身房的渴望。不过，仔细想想，介绍手册上的照片与健身房的实际状况，根本毫无关系嘛。

再举一个例子。美发师一头乱发，并不表示他的技术不好，毕竟他没办法自己剪头发，还是得请别人帮忙。

像这样，**不要破坏形象，创造专业角色，是非常重要的一点。**

>>> 要是我的话会这么做！

请试着将想到的点子写下来。

重点整理

好了，读到这里，各位觉得如何呢？

如果能够逐一实践“感同身受，建立信赖”、“诱发潜在的需求”、“开诚布公，讲述亲身体验”、“提供内行的建议，收集各种冷知识”、“树立专业形象，演什么要像什么”这五个步骤，你和顾客或是员工和客人之间的信赖感，应该会大幅提升吧。

即使其中有些项目贵公司目前无法执行也不必担心，只要先从可行的方法开始彻底实践，一定能够建立彼此信赖的关系。

我将本章内容汇整为易懂的图示，请各位翻到下一页，复习一下吧！

提升商品价值！五种提供方式

1. 感同身受，建立信赖——通过感同身受，在顾客心里建立屹立不倒的信赖感

◇ 以个人的身份倾听对方的烦恼，抱着感同身受的态度，可以消除顾客的疑虑，赢得信赖。

◇ 与顾客一起做“白日梦”，通过相互讲述梦想，让顾客的欲求跟着增加。

2. 诱发潜在的需求——将顾客自己也没注意到的潜在需求引导出来

◇ 倾听对方为了什么事而困扰，引导顾客的内在需求。

◇ 倾听顾客的烦恼，将需求引导出来之后，将商品意想不到的使用方式推荐给顾客。

3. 开诚布公，讲述亲身体验——卖家以亲身体验的真挚方案吸引顾客

◇ 坦率与顾客交谈，可以消除“推销感”。

◇ 员工所讲述的亲身体验具有说服力，可以触动顾客的心弦。

4. 提供内行的建议，收集各种冷知识——“专业知识”+独特的“冷知识”，可以赢得顾客的心

◇ 以专家身份告知必要的专业知识后，再由顾客判断，将可建立长期的信赖关系。

◇ 现在的顾客会把钱花在“自己期待的事物”上，因此把“冷知识”做成 POP 海报，能够提升顾客的接受度。

5. 树立专业形象，演什么要像什么——满口蛀牙的牙科医师没人会去看！

◇ 扮演“老师”引导顾客，将可获得顾客信赖，让顾客听从你的建议而购买。

◇“演什么像什么”很重要，唯有如此才能使顾客感到安心进而产生信赖。

第5章

让顾客觉得“想要”！增加“期待感”的方法

提高顾客的“期待感”，商品价值就会提升！

商品的价值会因为顾客的期待而有所改变。

举个简单的例子，要将一杯自来水卖给一般人，应该根本卖不出去吧；但若是卖给困在沙漠中的人，即使要他拿出所有的财产，他也会愿意吧。

同理，只要顾客有意愿，再贵都能卖到翻。当然，并不是真的要各位把顾客都带去沙漠，即使不做这样的事，**仍然可以创造出一种情境，让顾客在不知不觉中随时注意贵公司的商品。**

具体而言，可以采取以下五种方式。

〔提高顾客期待感的方法〕

1. 让顾客消费得明白

将该商品意想不到的使用方法或新观念教导给顾客，使顾客产生兴趣。

2. 免费体验，一试上瘾

让顾客以五感体验商品的美好。

3. 创建沙龙，利用同好的力量

创造与商品相关的社群，聚集拥有共同话题的同好。

4. 跟进顾客需求，实现深度满足

导引顾客，让顾客可以顺利、快乐地使用商品。

5. 不断升级产品和服务

通过常常推出该商品的升级版，使顾客永远不会觉得厌倦。

透过这些方式，商品的定位就不再只是“普通物体”，而是丰富顾客生活的“便利物品”，它的价值理所当然也就提升了。

黄金法则十一

提高期待感的方法 1：让顾客消费得明白

一旦知道，绝对想要！构思这种机制的秘诀

>>> 使顾客注意到隐藏的真正价值

所谓的“让顾客消费得明白”，就是要告诉顾客好在哪里。很多时候是因为顾客不了解商品的真正价值，才会不想拥有它；知道的话，他们就会想要。

例如，以前我很讨厌法国电影。要说原因的话，是因为法国电影常会突然结束，让我觉得消化不良。

然而，有一次，一个很喜爱法国电影的朋友这么告诉我：“法国电影是取材自主角人生的一部分切片。因此，这段故事的前后如何，任凭你想象，这样很有乐趣。”

听了这番话之后，当我再看法国电影，就能感受到法国电影的深奥之处了，并且开始喜欢法国电影。

事实上，有一家影片出租店就活用这样的思考方式，使得店里业绩增长。

多数客人比较喜欢租目前的热门影片，可是这类畅销影片的数量毕竟有限，为了促使顾客愿意租更多片子，就要想方设法让他们去租“没那么热门，但内容不错的好片”。该出租店具体的做法是先

请打工的店员看影片，然后再将**“用什么方式来看这部片会最有乐趣”**的贴心提示写在 POP 海报上。例如像下面这样：

一面回想初恋，一面观赏本片，将因而感动落泪！

与男友一起观赏的话，气氛会很 HIGH！

自从这家店实施这个做法之后，比较不那么热门的 DVD 片开始有人租借了，而且客人也说“用这种方式看影片，会觉得很好看呢”，结果获得大家一致的好评。

我也曾有过这样的亲身经验。以前我一直认为牙科诊所是“牙痛才去的地方”，但有一次去看牙齿，牙医将我的牙齿洗得亮晶晶，然后对我说“感觉很好吧”，自那时起，我发现牙齿洁净是一件很开心的事。

后来，每两个月我就会前往牙科诊所洗牙，刷牙也不只早晚各刷一次，而是经常刷牙。因为刷牙频率增加，牙刷毛常刷到开岔，所以每次去牙科诊所我都会买三、四支回家。

以消费金额来说，过去我每年付给牙科诊所的钱是零，现在每年则花六万日圆左右（因为有医保报销，实际上诊所收到的钱是每年二十万日圆左右）。

像这样，**只要将商品或服务所具有的意义告诉顾客，他们就会调整消费的优先顺序，将贵公司的商品摆在前面。**

>>> 改变顾客的观念

此外，还有一种方法是“改变观念”。顾客如果对商品稍微感到兴趣，就要把握机会加深他们的兴趣，否则很快就会消褪。因此，**顾客一产生兴趣时，要马上教导他新的观念。**

例如，以前曾经流行一句很棒的广告词：“手表要不要也换着戴?”结果，拥有多款手表变成一种趋势。同样的，眼镜行也可以借用这个方法，将配戴眼镜的新观念告诉顾客。

除了一些需要常常变换造型的特定人士之外，一般人通常不觉得应该“换戴不同眼镜”，并且会抱有怀疑：“换不同的眼镜戴，有什么好处呢?”因而不愿意多买几款高价眼镜。此时，有效的做法是告诉顾客换戴不同眼镜的优点，像是上班族可以在见客户时看起来更有自信，约会时可以让女生不知不觉迷上你等等，将具体的优点告诉顾客，改变他们的固有观念。

事实上，我认识一家眼镜行，就是彻底运用这种思考方式来引导顾客，甚至教顾客可以把眼镜当成配件或收藏品，结果不少顾客就在该眼镜行一次买了好几副眼镜。

一个人只需要一只手表、一副眼镜——**如果局限于这种旧的观念，顾客的购买机率就不会增加。**

我曾经在一场研讨会提到这个做法，结果一位经营婚庆礼仪公司的参加者提出了反对意见：“这对我们公司并不适用，因为人一生不会结那么多次婚，葬礼如果办两次的话也很奇怪。”

当时，我的回复是：“如果试着创造新观念，例如：可以和相同对象举办多次婚礼，你觉得如何呢？”

对方一听，虽然一开始有点不知所措，但是不久之后便回答：“要不要在银婚典礼或金婚典礼再穿一次婚妙？——您认为这样的说词怎么样？”

这是很棒的点子！这年头，甚至还有针对老人提供的化妆服务。因此，让老人家在孩子们的守护下举办金婚或银婚的庆祝仪式，这种服务应该是可行的。

正是这样与众不同的想法，才能不断创造新的观念。

>>> 脑力激荡！观点补充

针对前面提到的方法，各位有何感想呢？记住：顾客是外行人。只要稍微改变他们的旧有观念，就会激发出许多新的需求。

以前我曾因为某种机缘，上过由落语家①开设的“如何听落语”课程。

那位落语家表示：“落语的重点在于，要让别人看起来像是真的一样。”他告诉我们，例如“用小酒杯喝酒”这个动作，在哑剧里并不会以手触唇，但在表演落语时为了让观众容易理解，会刻意将手指圈成小酒杯状、触碰嘴唇，装出在喝酒的样子。这番话在我脑海中留下微妙的印象，自那时起，一有机会我就会去欣赏落语表演。

在此之前，落语给我一种很古老的感觉，不由得敬而远之。然而自从听过了专家点明的表演技巧，我的观念就改变了。

贵公司打算给顾客什么样的新观念呢？

---

① 译注：“落语”是日本一种传统曲艺，类似中国的传统单口相声。

>>> 要是我的话会这么做！

请试着将想到的点子写下来。

黄金法则十二
提高期待感的方法 2：免费体验，一试上瘾

通过免费体验等方式让顾客上瘾，虏获客人的心！

>>> 提供“尝试”的机会

在脑中所预设的想法，与实际体验后的感想，往往大相径庭。

实际使用过某项产品后，常会发现明明很好用，但在使用之前却完全无法想象。接下来要讲的就是这种类型的商品。

这类商品的厂商常犯一个错误：只要商品不畅销，就立刻退缩，觉得“大概是这类商品没有市场需求吧”，结果随随便便就降价。

例如，日本名古屋有一个名产“味噌煮乌龙面”，它是在锅烧乌龙面里加入浓稠的味噌[①]。因为其他县市的人无法想象“味噌”加“乌龙面”的组合，所以对于在知名专卖店中，一碗面一千五百日圆左右的高价，不太愿意掏钱享用。

然而，只要我半强迫地跟朋友说“我请客”，他们在试过之后，都会相当喜欢，之后每次到了名古屋就会去吃。

像这样的**少见商品，如果降价，其实很可惜。因为，它并不是没有价值，只是顾客无法想象它的价值而已。**

---

① 译注：味噌是由发酵过的大豆（黄豆）制成，主要为糊状。是一种调味料，也被用作为汤底。

我所从事的企业管理顾问业，也具有这种倾向。一般人对于顾问的印象都是“只不过是提供信息给我，凭什么要我付几十万日圆”？

如果此时顾问无法好好说明收费理由，不得不将费用越降越低，降到五万日圆或三万日圆，然而如此便宜的价格，根本不可能提供多像样的建议。

毕竟，为了提供精准有效的建议，除了顾问的经验之外，平常更需要做很多自我投资，例如购买相关书籍或是参加研讨会等等。

我在刚开业时，默默无闻，再加上当时没有任何著作，所以完全没有人能够理解我所能提供的价值。

所以我推举办了“免费体验一次”的活动。

请您体验我的服务，感受它的价值，第一次不收费。

在这样的宣传之下，有人觉得既然不收费，就试一次看看。对此，有一个重点我非常注意：我并不会因为提供的是“免费咨询”，而投机取巧、偷工减料。

结果，顾客切实感受到我的服务所带来的价值，觉得我“并不单单只是提供消息，而是能够和顾客一起思考，如同合作伙伴一般”，愿意以不算便宜的金额，与我签下顾问合同。

像这样，若是商品价值无法被立即发现，就请顾客尝试一下，这是很重要的。

>>> 请顾客参与“升级体验”

对于目前的商品，如果顾客已经能够感受其价值，那么就请顾客体验更高等级的商品，这个做法很有效果。

以饭店为例，它会因顾客的需求不同，产生完全不同的价值。如果需求是“只要找个可以睡一晚的地方就好”的人，当然会希望价格越便宜越好。

直到不久前，我自己的想法也是“只要能睡就好，何必为了住宿支付一万日圆、两万日圆这么多钱”，所以出差时我会尽可能预订便宜的饭店。当然，都是只放得下单人床的房间。

可以想得到，服务差强人意，房间又小，日用品也不充足，这些事让我更加觉得饭店的价值很低。

然而，某次饭店免费帮我升级成两张单人床的房间，那个房间的空间感，让我感到讶异，并且让我当下觉得，自己以往不愉快的住宿经验，会不会是因为订了太小的房间呢？

从那时起，每次出差我一定会订两张单人床或一张双人床的房间。接着为了追求更高的舒适感，现在我还从商务饭店升级到都会饭店。当然，价格比以前多了二至三倍，却带给我“饭店是一个可以奢侈运用家里不可能拥有的宽广空间，好好放松身心的场所”的感觉，所以一点也不觉得昂贵了。

虽然不能因而断定“便宜没好货”，但有不少例子都是由于买了便宜货，感受不到价值，于是更加想找便宜货，陷入恶性循环。因此，应该设法让顾客体验高品质的东西，让他们感受到“贵虽贵，但更有价值”。

举例来说，可以举办一个“以单人房价，享受最高级的蜜月套房”的活动，虽然要做好亏钱的心理准备，但应该可以带来不错的效果。

虽然我不曾有过被升级成蜜月套房的经验，但通过这种定期举办的活动，应该可以促使享受过蜜月套房的客人继续前来住宿。

即使他们不住蜜月套房，或许也会开始住双人房或三人房。如此一来，客单价就会提高。

这种**让顾客亲身体验的效果非常好**，因为它抓准的是人们**“由俭入奢易，由奢入俭难”**的习性。

>>> 脑力激荡！观点补充

人类是具有五官感受的生物，**与诉诸理性比起来，刺激顾客的五官感受会有效得多。**

日前我买了一辆车。在买车之前，我的想法是：目前为止我的车都是 3 开头的车牌[①]，进不了立体停车场，所以打算要换一台小一点的车。

但是在试乘过后，小车的空间实在是太狭小了，结果我还是买了车牌 3 开头的车。

再举一个例子。

我第一次去国外旅行时，代办的旅行社店面刚好放着经济舱与商务舱的座椅模型，看到之后，我发现原来飞机经济舱的座椅空间比新干线的座位还窄，就连忙改为商务舱了。结果因为坐起来实在非常舒服，所以下定决心，往后出国一定要坐商务舱，不然我就不去。

贵公司有什么产品可以提供顾客这类亲身体验呢？

---

① 译注：在地域名称后以 3 开头的车牌，例如 3X 或 3XX，指大型房车。

»» 要是我的话会这么做！

请试着将想到的点子写下来。

黄金法则十三

提高期待感的方法3：创建沙龙，利用同好的力量

顾客的"交流场所"具有强大力量，要善加利用

>>> "同好意识"可以抓住顾客的心

最常见顾客交流平台莫过于各种各样的沙龙了。所谓的沙龙，在这里指的是**"同好聚集休息的场所"**。有什么新东西想要尝试时，如果只有自己一个人，一方面热闹不起来，另一方面也难以持续。如果此时有沙龙这类场所，就有可以交流的同好了，然后就会不知不觉迷上这个地方。

例如，税务会计事务所可以聚集委托服务的老板级客户，以"节税的思考"为题，定期举办沙龙讲座。税务会计每个月可以"如何巧妙节税"为题演说，老板们再以此为基础，与其他参加者一起思考自己的公司如何节税。

经过一轮讨论后，下次讲座题目可以改为"如何与银行往来"或是"如何制订不会失败的事业计划"，通过不断增加主题，举行**经常性的活动**。

此外，可以在提供税务服务的事务所里，邀请"善于节税的公司"、"善于与银行交涉的公司"、"善于制订事业计划的公司"经营者，与大家分享成功的秘诀，**通过让参加沙龙的人成为主体，不断**

汇集人气。

这个做法会引发大家“下次我也想在沙龙发表成功实例”的想法，而税务会计也会接到越来越多“希望提供与银行交涉的具体建议”的要求。

至于向来始终觉得“税务会计不过是指导记账而已，一个月竟然要收三万日圆”的公司，由于在沙龙学会了活用税务会计的新方式，可以找许多人商量，也可以享受与团体成员的经验交流。

这么一来，他们对于顾问费的看法就会完全改观，即使未来提出涨价的要求，他们也会很干脆地接受。

事实上，一位和我有往来的税务会计，已经成功做到这点——**由于客户们彼此之间相处得很融洽，所以都和他签订了长期顾问合同，而且即使要求涨价，也可以顺利被客户接受。**

想要永远赢得顾客的心，最重要的一点是：不要只是维系公司与顾客之间的关系，也要创造顾客之间的关系。

>>> 以“活动 + 商品”的相乘效果提升营业额

另外还有一种方式，就是**为沙龙本身创造价值，一方面从中获取利润，另一方面又可借此引导顾客购买公司的商品**。也就是说，**不是先销售商品，而是从活动之中开始推广。**

某家日式料理店会定期举办饕客聚会，进一些平常不会进的食材（例如一整条鲔鱼），在顾客面前料理，再请顾客享用。

由于是在网络上征求饕客，所以前来的是全国各地的美食爱好者。虽然这个活动乍看之下似乎很费工夫又赚不到钱，事实上却并非如此。

首先，由于活动是在公休日举行，所以不会因而流失平日顾客带来的营业额；加上采取的是预约制，费用由参加者平均分摊，所以也不会亏钱。

此外，由于只要由老板自己来料理就够了，不需要支付多余的人事费用。也就是说，**毛利几乎等于全部的利润。**

其中最棒的是，参加这项活动的人，回去之后会很想和朋友分享现场的情形，而且会在不办活动的日子也持续光顾这家店，或是与当时结识的同好们变得越来越熟络，常常聊起和这家店有关的话题。这样一来，**口碑就渐渐扩大了。**

这家日式料理店通过这个活动，创造同好聚集的环境，所以每次举办都是座无虚席。而且每举办一次，平常日的顾客也会随之增加。同时，在活动过程露面的“好手艺厨师”也更容易受到瞩目，经由媒体报导的推波助澜，得到更高的评价。

这个方法是以“创造顾客相互交流的场所”作为开始，终极目标则是提升店家的价值。

如同前面所提，**沙龙具有强大的效果，因此无论如何都应该找时间试办看看。**

>>> 脑力激荡！观点补充

我真的十分推荐沙龙讲座这类活动，而且我自己主持的“吸引高消费力顾客实践会”，定期活动之一就是沙龙讲座。

一方面，它可以让大家在“吸引高消费力顾客”的共同观点下，发表各自实践的成果；另一方面，也让大家可以彼此商量经营层面的烦恼，使得每个人的问题都能在一眨眼之间就获得解决。

每举办一次，我就深深感动一次。这群经营者都确实运用了我的“吸引高消费力顾客营销理论”，只要聚集十个人以上，点子与能动性就会变得很强，根本不是我比得上的。对于拥有这样一个交流场所，会员们也都表示感谢。

不要只靠自己公司的力量勉强招揽顾客，像这样打造一个顾客们交流的场所，将会获得更好的效果。

>>> 要是我的话会这么做！

请试着将想到的点子写下来。

黄金法则十四

提高期待感的方法 4：跟进顾客需求，实现深度满足

通过巧妙的跟催，发掘顾客的潜在需求

>>> 通过“咨询”发掘潜在需求

往往需要某种契机，人们才会愿意尝试新的事物；有时甚至不只需要一、两个契机，而是需要多个契机累积在一起，才肯尝试一直以来不曾考虑过的事。

例如，一个经常出席几十万日圆商业研讨会的经营者，最初的契机很可能是朋友介绍他看了有趣的商业书，或是偶然在某次经营者的聚会上，体验了一场对自己有帮助的研讨会。像这样刻意导引、产生契机，就是接下来要介绍的“导引”手法。

就以牙科诊所为例吧。

很多人对于牙科诊所的印象仍然是“治疗蛀牙的地方”，若是在竞争不激烈的情况下倒是还好，然而一旦**竞争渐趋激烈，就必须发掘更多的需求、开拓更广的客源。**

所谓的“更多的需求”，包括“洁白的牙齿”、“清新的口气”等等，并不是基于去除疼痛，是要让自己感到更舒服。这种需求确实存在，东京都会区甚至设立了如同美容沙龙般的高级护牙机构。

就算如此，一直以来都是以治疗蛀牙为主要营业项目的诊所，

突然在网站等媒介告诉大家“来做牙齿美白吧”，感觉上也有点勉强。

比较自然的做法是，当病患因牙痛来看诊时，趁机告诉病患：“不想再蛀牙了吧？如果是这样的话，要不要定期来检查牙齿呢?”也就是先以“下次不想再这么痛了”的想法作为切入点，再慢慢透过咨询的方式，发掘出“想不想拥有洁白的牙齿与清新的口气呢?”等潜在的需求。

这个方法，各行各业都行得通。

不过，如果光是询问顾客的表面需求，无法带来效果。**必须以“您觉得，想要彻底解决让您感到困扰的问题，应该怎么做才好”这样的问法，一面与顾客交谈，一面诱导他找出真正的解决方案，才是真正有效的咨询方式。**

>>> 通过电子邮件或写信个别跟催

此外，可以用**间接导引顾客**的方法，也就是以电子邮件持续跟催。

举例来说，有一位朋友在网页制作公司工作，他告诉我，设立网页的风潮似乎已经过去了。这么一来，想要持续提高业绩，就必须仰赖已经拥有网页的客户不断更新网页了。

客户的需求改变得很快，只要想想逛街的女性就知道了——在珠宝店时，这些女性脑中想的都是项链，但只要一走出店门口，看到对面的服饰店陈列了好看的衣服，她们的注意力又会立刻被吸引过去。

同理，为客户完成网页后，如果只是告诉客人“还需要什么的话，请再通知我们”，此后便置之不理的话，客户就会开始对别的东西感兴趣，把钱花在其他地方。因此，重要的是必须持续提供增加网页点击量的方法、设置博客、网络集客营销等，定期寄发电子邮件给客户，提供各种新的资讯，并持续加以跟进，才能持续取得客户后续的订单。

无论是什么样的行业，只要能够率先发掘顾客的潜在需求、透过电子邮件跟催，就能持续取得订单。

此外，在时间和人力许可的情形下，尽量不要大量寄发内容相同的电子邮件，而是**以适合每位顾客的形式，逐一写下邮件内容，**这样比较有效。如此一来，客户会觉得“啊，有人这么了解我的心情呢”、“很懂我们的需求嘛”，在不知不觉中顺着你的导引，买下你希望客人购买的产品了。

补充一点，如果客户没有使用网络的习惯，可以用写信邮寄的方法。

››› 脑力激荡！观点补充

诱导顾客，不让他们感到厌烦，这个做法很重要。

前一阵子，朋友邀我去体验陶艺。那间陶艺教室的老师非常擅长引导学员——他们原本的广告词是“体验价三千日圆起”，我也是看准这么便宜的费用才参加，但是直到离开前不知为何我又多花了一万日圆。

若要说到底发生了什么事，只能说那里的收费方式很不同，它让学员自由地制作许多自己喜欢的作品，再从中挑选要烧制的，学员只要付那部分的陶土费用就好。然而我却不由得挑了所有的作品，而且还选了比较细致的方式烧制，所以最后多花了一万日圆。

此外，所有一起参加的学员，没有任何一个人只花三千日圆。即便如此，却没有人抱怨“好贵”，因为**大家都是在“自己同意”之下，要求对方提供更多导引。**

由此看来，那位老师确实是相当理想的导引者。

如果是你，会如何导引顾客呢？

>>> 要是我的话会这么做！

请试着将想到的点子写下来。

黄金法则十五

提高期待感的方法5：不断升级产品与服务，黏住客户

使顾客觉得“还有更多东西等着”、“期待的事正要开始”

>>> 通过“STEP BY STEP”，虏获顾客的心

人类这种动物，一旦觉得“目的已经达到了”，热情就会瞬间冷却下来。以英文会话教室为例，很多人认为只要英文能够讲到某种程度，就会基于获得满足而不再上课了。

因此，**刻意让对方觉得“还有更多东西等着”是很重要的。**

举例来说，小朋友深深着迷的电视游乐器的游戏设计，就是充分利用了这种心理——第一关结束后，一定会进入第二关，等到自己觉得总算打到结局时，该系列游戏的第二季又登场了，实在是非常巧妙。

同理，英文会话教室可以告诉学员“英文学到某种程度的话，可以做这样的事”，以及“如果继续进步，将发生这样的情况”，**创造一个让学员持续感到兴奋期待、想要继续上课的有趣机制。**

举例来说，可以参酌学员的英文会话程度与上课次数，给予点数，点数累积到某个标准，就以国外旅行作为奖励。这个做法如何呢？

这并不是单纯送学员去国外旅行的企划，而是**在里面加入了游**

戏的要素，使它超越一般的点数制度，比较像是“依你现在的会话等级，可以去夏威夷。再多努力一点，就可以去美国西海岸，更努力的话就可以去欧洲了”。

以国外旅行作为奖励，乍看之下或许会觉得很不划算，但是学员为了不断提升程度，就必须继续报名上课。只要收取了这些学费，应该足以回本吧。而且行程不需要过于豪华，只要提供阳春行程就可以了，在网络上不难找到许多这一类低价的简单旅游。

因为学员并不是以国外旅行为终极目标而学习英语，充其量只是目标之一罢了，所以旅行的内容就不是重要关键了。

>>> 利用顾客“以崇拜者为目标”的心理

不久前，美式减肥课程曾经风行一时，仔细观察这些课程的DVD，会发现都是由一群拥有六块肌的男女集体一边运动，一边向观众们喊着：“你也做得到！”

之所以蔚为风潮，原因之一或许在于这些猛男美女吧。事实上，就算自己的身材无法变得像DVD里的人那样，但只要一看到里面的帅哥美女，大家多少都会觉得“只要自己买了这个课程，也能够变成那样”吧。这就是**巧妙运用顾客“向往”的心理。**

举例来说，网球训练班会刻意培养一批受人崇拜的教练。训练班不只教学员打网球，还会在课程里列入“观赏教练出场比赛”，或是安排跟教练一起喝下午茶的机会。这样一来，学员可以通过与教练互动的过程，了解教练为了精进网球技术，进行了哪些训练，都在想些什么、做些什么，进而加深对于网球的认识与喜爱。

此外，原本只是基于“打网球很酷”的心态而加入训练班的人，也会因为接触了教练的人生观与人格，渐渐成为他的粉丝，甚至进一步希望通过网球向教练看齐。**“自己向往的人物形象近在身边，因而感到满足”，**这样的需求确实存在。

重点在于，**教练必须成为学员渴望亲近的人**。因此，必须多多制造教练与学员交谈的机会，设法拉近教练与学员的距离。只要有了不起的人士在自己身边，我们就会想要以那个人为努力的目标。

不过，很多人容易将“找名人来当客座教练”的做法和我所介绍的方法搞混。以名人为号召，固然在办活动时会有一些效果，但如果从“为公司建立粉丝会员”的角度来看，就完全没有效果了。

道理在于，高高在上者固然让大家心生向往，却因为太过遥不可及，无法成为努力的目标。因此，**必须创造近在顾客身边、且能让他们基于向往而激发努力的人物。**

>>> 脑力激荡！观点补充

各位应该也有类似的经验吧——**通过创造一个目标，或是“令人心生向往的人物”，使顾客持续感到期待，可以带来绝佳的效果。**

我曾经读过某位特效拍摄节目[①]脚本家所写的专栏，文章内容大致如下：“在创造与主角敌对的对手时，基本上我都是先以火、水、土、木这些自然界的元素作为思考的切入点。例如，出现嘴巴吐火的魔人之后，接着登场的是半鱼人，然后是土拨鼠怪、树怪。直到这些对手都被打倒之后，就改成不同的型态，以天空、月亮为思考的切入点；用完之后，再朝宇宙发展，最后则推出有如神或恶魔般的角色。大致是这样的顺序。”

这么说来，各位有没有发现许多科幻片确实都是采取同样的结构？当各位在构思如何使消费者期待不已的做法时，只要像这样试着分析不同的要素，就会变得很简单。

① 译注：指像《假面骑士》、《超人力霸王》、《酷斯拉》等运用特效拍摄的戏剧作品。

>>> 要是我的话会这么做！

请试着将想到的点子写下来。

重点整理

好了，各位觉得如何呢？

逐一仿效“让顾客消费得明白”、“免费体验，一试上瘾”、“创建沙龙，利用同好的力量”、“跟进顾客需求，实现深度满足”、“不断升级产品与服务，黏住客户”这五个步骤，应该会让你对于如何留住顾客产生很多想法才是。

当然，由于厂商的型态不同，或许有些方法无法直接运用，但是只要充分掌握这些思考方式的精髓，即使只用了两、三种方法，应该还是绰绰有余的。

我将本章内容汇整为易懂的图示，请各位翻到下一页，复习一下吧！

提升商品价值！提高“期待感”的五种方法

1. 让顾客消费得明白——一旦知道，绝对想要！构思这种机制的秘诀

◇ 让顾客知道商品或服务隐含的意义与“真正价值”。

◇ 教导客人产品的新用法或新魅力，改变顾客的旧有观念，进而增加购买机会。

2. 免费体验，一试上瘾——通过免费体验等方式让顾客上瘾，虏获客人的心

◇ 提供免费体验的机会，使顾客了解商品的好处。

◇ 如果目前的商品已让消费者感到满足，就提供“升级体验”的机会。

3. 创建沙龙，利用同好的力量——顾客的“交流场所”具有强大力量，要善加利用

◇ 设置“顾客的交流场所（沙龙）”，培育同好意识、建立顾客之间的关系，借此稳固客群。

◇ 举办活动，征集参加者，使沙龙与商品产生连结。

4. 跟进顾客需求，实现深度满足——通过巧妙的跟催，发掘顾客的潜在需求

◇ 好好与顾客交谈（咨询），发掘潜在需求。

◇ 以电子邮件或手写信件个别跟催，引出需求。

5. 不断升级产品与服务，黏住客户——使顾客觉得“还有更多东西等着”、“期待的事正要开始”

◇ 创造有趣的机制，让顾客想要继续下去（想要得到接下来的商品）。这种机制与电玩游戏迷期待升级版内容、不断购买更多游戏的机制相同。

◇ 创造出网球教练之类令人向往的角色，让顾客想要向他看齐。

第 6 章

这么做一定行!
“提高客单价”的三种模式

来看看提高客单价的三种模式

读到这里，各位是否已经学会提高商品价值的“三大要素 × 五种方法 = 十五项具体方法”了呢？只要知道这些方法，充分培养合适的态度，就能成为吸引高消费力顾客的公司了。

没错，只要表演得酷一点，在顾客眼中，商品看起来将会完全不同。只要多在提供方式上花点工夫，顾客就会“哇”地一声感到开心。还有，只要能引发顾客的期待，他们就会成为贵公司的忠实粉丝。

接下来要做的就是配合不同的场合、状况，将这些方法搭配应用就可以了。**透过这样的做法，今后就能够提供具有高附加价值的商品，不但不会被卷入价格竞争的艰困处境中，相反，顾客还会很满意地购买你的商品，形成良性循环。**

尽管如此，对于应该如何扩大“高消费力顾客群（即使再贵也会购买的客人）”，各位或许还不是很清楚具体的做法与成功的模式。

因此，本章将以目前为止所提到的方法为基础，针对以下三种提高客单价的模式，透过真实的故事案例让各位了解具体步骤。

〔提高客单价的三种模式〕

1. 即使涨价，顾客也会买

2. 顾客会购买更高级的商品

3. 顾客会大批购买

附带一提，接下来所叙述的内容，虽然都是实际成功的案例，但是为了保护隐私权，我对人名和公司名做了一些修改。

提高客单价的模式 1：顺利涨价！

>>> 涨价的目的是什么？

实施涨价措施，是针对高消费力顾客的营销方法之中，最快奏效的一种。这是因为涨价提供贵公司一个绝佳的好机会，可以用来测试目前的商品，其价值是否随着“商品本身以外的价值”而提高，并且能被顾客接受。

然而，事实上，每当我建议涨价，还是有很多经营者会猛摇头。拒绝的理由大致都是“涨价这种事，我们做不到”，或是“这个道理我能理解，但要真的去做的话，就有点……”这类模棱两可的回答。

当然，也有不少人愿意涨价，而且决定得非常干脆。

某家咖啡店的咖啡与红茶涨了三十日圆，但他们告诉我，顾客人数不但完全没有减少，每个月的利润更是多了十万日圆；某家牙科诊所也说，他们将自费牙套的价位调涨 1.3 倍之后，自费收入已经与医保收入并驾齐驱了。还有很多类似的例子，但是说真的，我已经见怪不怪了，所以并没有将它们一一记下来。

总之，这些店家在涨价之后，都表示**“即使涨价，顾客也几乎没有减少”**。实际上，在我提供咨询的公司范围之中，**没有任何一家因为涨价，造成经营状况变得更糟。**

即便提出了许多成功的例子，的确仍然无法保证贵公司也能顺利涨价。

不过，就算如此，我还是想要提醒各位：“与其一辈子持续守着忙碌不堪又赚不了钱的事业，不如试着挑战看看涨价这个做法。”

我不愿意浇大家冷水，但是如果贵公司始终认为“现在就是因为便宜，顾客才会来，变贵的话他们就不来了”，未来遭到自然淘汰的机率是非常高的。也就是说，涨价绝对是各位必须一试的挑战。

>>> 涨价的故事

尽管如此，大家也都明白，涨价并不是嘴上说说那么简单。正在阅读这本书的你：心里或许正承受着理想与现实的天人交战吧。这是很正常的。

因此，我要告诉各位一个故事。接下来，请各位在阅读的时候，将自己想成是故事的主角就行了。

某家日本料理店的老板，每天都要去市场进货，坚持店里只卖自己的严选料理。因此，口碑渐渐做起来，店里经常是预约客满的状态。

某天，透过一个朋友的介绍，这位老板宫本和夫（化名）前来找我咨询。让他感到困扰的问题是：“忙得不得了，却没有什么利润，能不能请你设法帮我找出另一条活路？”仔细询问之下，他表示虽然顾客不断上门，生意很好，但是因为套餐的制作相当费时，柜台旁的十个座位每天能轮替两次就已经是极限了。也就是说，每天最多只能做二十个人的生意，几乎没有利润可言。

听完之后，我先请官本先生提出他自己的解决方案。他说："晚上忙得不可开交却还是赚不到钱，我想不如白天也开门营业好了。"对此，我提出"高消费力顾客营销"的思考方式。

也就是说，**如果白天也营业，确实可以增加些许营收，但是随之而来的人事成本也会增加**，结果既赚不到钱，也会因为变得更忙，导致无法做好晚间的料理准备，失去了对料理的坚持。我告诉他，这么做会有很大的风险，**反而失去原本具有高消费力潜力的顾客。**

我建议他不要白天营业，而是**调涨晚间的套餐定价，聚集真正了解本店价值的人，使他们成为一个社群（创建沙龙，利用同好的力量→参见121页）**，这么做比较好。

然而老板官本先生的表情阴郁了起来，对我这么说："你说的道理我能理解，但是涨价会对现在的顾客很不好意思，感觉像是背叛了他们。"

结果，事情没有任何进展。

过了一阵子，官本先生寄了一封电子邮件给我，里面写着："我想，还是涨价好了。请给我们一些指导。"这么简洁的邮件内容，风格确实相当符合不习惯使用网络的料理达人。不过，由于这封信充分传达了他已经做好心理准备，于是我决定再跟他碰一次面。

见面后，经过仔细询问，他主要的想法是："考虑到未来，此刻如果不涨价，这种忙碌不堪又赚不到钱的状况仍然会持续下去。我对自己的料理很有自信，所以我决定赌赌看涨价这个做法。”

我凝视着宫本先生的双眼，确认他已经展现非比寻常的决心。

接着，我这么问他：“即使失败，我也不负责的。没有问题吧?”

这是我提供咨询时常用的一句台词。像这样故意突然抛出这句话，可以观察对方究竟有多少觉悟。

宫本先生不知是否感受到这番话的沉重压力，他一面吞口水，一面静静地说了声“是”。虽然他仍然有点不安，但他脸上认真的表情给了我肯定的答复。

于是，我们两个展开了“两人三脚”的合作方式。首先进行的是，整合家人与公司内部的想法。毕竟，就算宫本先生本人有再大的觉悟，如果身边最重要的亲人半途而废，马上就会被顾客看穿。

因此，我将他的家人和员工找来，当面恳谈。我让身为经营者的老板本人，先将拟定的方针讲述给大家听：“再这样下去也不会有未来。因此，应该主动挑战涨价这个做法。”接着再由我向大家说明“高消费力顾客营销”的重点——**在现有的顾客之中，可能愿意接受涨价的就占了八成。**

结果，我们成功整合了大家的想法。大家都下定决心要着手推动。

再来就只剩下如何付诸行动而已。

首先，要详细确认套餐的价格与内容。三千日圆的套餐有五道菜，五千日圆的套餐有七道菜，七千日圆的套餐也是七道菜，但是内容越来越豪华（例如，从鲔鱼的下腹肉变成高级的鲔鱼肚肉）。

仔细研究一年间的顾客点菜资料，我发现点五千日圆与七千日圆套餐的人数明显多于三千日圆套餐，因此得到一个假设：删去三千日圆的套餐应该没有关系。

根据这样的假设，我建议他们将五千日圆套餐调涨成六千日圆，七千日圆套餐调涨成八千日圆。然后，再重新构想出一万日圆的套餐。

设计一万日圆的套餐，是为了进一步提升这家店的品质。此外，要他们自行设计更昂贵的套餐，是为了促使他们想出提升套餐附加价值的点子。因此，我请宫本先生与店里的厨师，根据这样的价格去思考**商品的表演法**（在不改变成本的前提之下）。

最后他们想出了**“向客人详实地说明料理食材等信息”**的做法。也就是说，告诉客人这道料理的食材是从哪里取得的、有什么特点，通过这些信息，使它更具有价值。

由于这个做法很有趣，很快就决定采用了。接着我又出了一个新课题，要他们思考料理的**提供方式**，以及如何**让顾客产生期待的方式**。他们烦恼了几天，想出以下两个点子。

首先，第一个点子是通过与顾客的轻松对谈，将话题自然而然地引导至下一道菜，让顾客在聊天的过程中感受**“短暂的优雅时光”**。

第二个点子是，上回光顾时出现过的料理，只要顾客不希望再吃一次，原则上就不会出现了。而且，这一点会在介绍手册上注明，借此**提高顾客的期待感**。

听到这些点子，我确信“这么做一定可行”，因此建议他们“可以开始涨价了”。当然，突然之间涨价可能破坏顾客的心情，因此必须采取一些方法，避免这种状况发生。

具体的做法是亲笔写一份通知，寄给常客。内容大致如下：

> **本店自十月一日起，套餐菜单的定价修改如下。**
>
> **我们设计了让您将更满意的菜单与上菜方式，衷心期盼您的惠顾。**

宫本先生虽然有所觉悟，但是内心必然相当忐忑不安吧。再怎么说，**这不只是涨价而已，而且还是公然告知顾客涨价一事**。

然而，一切的担忧最后证明只是庸人自扰罢了。事实上，很多顾客都基于好奇，想要知道新菜单到底是什么内容，结果**预约名单立刻就排到三个月以后了**。而且，前来光顾的顾客有九成以上都持续再来消费，顾客人数几乎没有减少，并且成功提高了客单价。

以经营数字来看的话，**营收从每年五千万日圆大幅增加到七千万日圆**，竟然增加了一千万日圆的纯利。

对于这样的结果，宫本先生开心地表示：“当时，家人和税务会计虽然都反对，但我还是下定决心这么做，真是太好了！”

现在，为了进一步满足顾客，宫本先生每天都全力研究料理的表演方式。

>>> 复习——顺利涨价的因素是什么?

那么，针对这个故事的背景，我们来做一下复习吧。

首先，最重要的一点是，经营者本人必须确实理解：如果采取增加顾客人数的做法，只会经营得更辛苦。

这个故事里的老板也是一样，他一开始找我商量时，虽然我们没有立刻达成共识，但是我已经先将“增加顾客人数的做法会变得很辛苦”的观念烙印在老板的脑海里了。回想起来，因为这个想法在他心里渐渐扩大，最后让他想要改变做法，可以算是很重要的一步。

接着，必须花费心思，好好想一想如何提升附加价值。例如故事里的老板想出了“向顾客说明料理的食材”，这就是应用了“煽情地讲述幕后故事”（**煽情地讲述幕后故事→参见 48 页**）。顾客了解食材之后，对于商品的兴趣就会增加。

此外，与顾客聊天的过程里，自然而然谈起下一道菜，这是“跟进顾客需求”方式的应用（**跟进顾客需求，实现深度满足→参见 126 页**）。诱导顾客，使客人能够享受用餐氛围。

还有，不提供同样的东西，这是运用了“提供内行的建议”（**提供内行的建议，收集各种冷知识→参见 91 页**）。发挥料理的专业知识，让顾客享受新的味觉体验，借此提升他们的期待感，促使客人持续再来消费。

此外，**千万不要没有预警地突然涨价**，而是先与顾客取得共识，如此就能兼顾客人的感受，顺利涨价了。

››› 感想备忘

请自由地写下自己的感想。

提高客单价的模式 2：让顾客购买“更高级的商品”！

>>> 高级化的目的是什么？

让顾客购买“更高级的商品”，也就是“高级化”，这个做法请各位务必试试看。**想要成功地高级化，首先要让顾客注意到“商品的真正价值”**。引导顾客时，必须让他们了解“并非便宜就可以了”，因为“便宜没好货”。

举一个我亲身体验的例子。日前搬家，有好多家业者都提了估价单给我，一家比一家便宜。然而，当时我的感想却是“你们难道只有便宜而已吗？”

设法提供**价格虽高却优质的服务**，不是比便宜来得更重要吗？例如**“收费较贵，但保证安全地运送物品”**，或是**“贴心的后续服务”**等等，这些项目反而能够让顾客感到满意、不会觉得后悔。

遗憾的是，每当问起是否有更好的服务内容时，对方都会隐约透露这样的心声：“我们的服务真的很完善，很想推荐给您，却不希望让您觉得太贵而却步。因此我们以便宜为号召，让您觉得划算，这样比较好。”

如果贵公司想以“吸引高消费力顾客”为目标，绝对不能这么做。

各位应该堂堂正正地告诉顾客：“坦白说，我们的服务确实比较贵，但是我们仍然敢于大声推荐！”而且，还要进一步以专业的观

点，好好说明推荐的理由。

当然，千万不要强迫推销，而是好好地倾听顾客的需求。只要对方有需要，就将自己的商品大方推荐给他。

我在专为牙科诊所提供咨询的一家顾问公司担任董事一职。到目前为止，已经为一百家以上的牙科诊所提供经营建议。最近，由于医保制度改变，许多诊所陆续找我商量如何增加病患自费治疗的意愿。

这是因为医保制度改变之后，即使提供的治疗方式和内容都一样，他们所收到的费用却比以往低了许多。这么一来，原本非常努力经营才得以维持小赚的牙科诊所变得更辛苦了，因此开始想要积极推荐病患医保没有报销的自费项目。

我认为，对于牙科诊所而言这是很好的机会。因为它是一个很好的契机，让诊所可以好好思考如何大方地推荐真正的好东西，不会受到价格的限制（担心客人觉得太贵）。

如果病患接受治疗之后，向你表示："虽然贵，但是我很庆幸选了自费项目。"这样一来，不就皆大欢喜了吗？

>>> 高级化的故事

在咨询顾问过程中，我正是以上述的想法为基础，引导牙科诊所增加自费疗程的项目。因此，根据其中一个实际获得成功的例子，我要告诉各位以下的故事，让大家了解应该采取什么样的步骤才能顺利从医保报销项目转移到自费项目。

茨城牙科诊所（化名）已经开业第五年了。近来，就在病患增加、总算开始赚钱时，却遇到医保制度修改的问题，利润因此被迫减少。没多久，诊所又处于亏损状态了。

焦急的院长决定改变向来抱着的态度——基本上都选择医保报销的疗程，如果病患愿意的话，再改用医保未报销的自费诊疗——开始尽可能将自费项目推荐给病患。为了鼓励员工积极向病患推荐，他采用了佣金制度，也就是一有病患选择自费，员工就可以拿到佣金。

院长率先向病患推荐，渐渐有较多的病患选择自费项目，虽然为数不多，但收益总算是稍微提高了。

不过，即使能够得到佣金，员工却不太愿意向病患推荐自费项目。

院长想破了头，也不知道为什么会这样。经过一段时间之后，他报名参加我的电话经营咨询服务。

听完他讲述诊所严峻的状况后，我问他："你之所以向病患推荐自费项目，是为了他们好吗？"

他回答我："不是，而是因为如果采取医保报销项目，病患只要负担很少的费用。"

听到他的说法，我不由得冒出一句"这太奇怪了……"，虽然我只是小声地咕哝而已，可是院长似乎听到了，以略带怒意的口吻问我："哪里奇怪了？"

于是我坦白地直接问他："既然不是为了病患好，为什么有必要推荐给他们呢？这一点我不懂。”

我一说完，院长便以与之前迥异的态度，热情地说明自费项目的优点。这下我才了解，原来自费牙套的费用虽然确实比较高，但是牙套看起来比较美观，也比较不容易坏，有很多好处。

尽管有这么多的优点，院长却是基于“改善医院收益”才会推荐给病患。这样一来，病患很难产生共鸣，员工也不会跟着做吧。因此，我建议他采取以下几种做法。

为了让病患具备正确的知识，做出正确的选择，要制作一份**简单易懂的介绍手册。**

为了使病患能够静下心来讨论，诊疗前后的**咨询时间要增加两倍。**

要跟员工沟通，使他们了解这么做不是为了提升诊所的收益，而是为了病患好，也就是展现身为医界人士的正确态度。

对于这些建议，院长不断回答“嗯、嗯”，似乎一边做了笔记。然后，电话咨询结束了。

过了一段时间，那位院长写了电子邮件给我，内容写着：“我按照您的建议去做了，结果愿意接受自费疗程的病人渐渐增加了。未来我也会照着这样的方向继续努力。”

就在我还想要进一步询问他详情的时候，刚好那位院长参加了某场由我担任讲师的研讨会。研讨会结束后，由于还有一点时间，我便向他请教实际的状况。他告诉我，他是依照以下的步骤推动的。

首先，制作一览表，让病患能够清楚了解。简单来说，就是写出自费与医保的优缺点，同时也写出自费项目的各种等级，将全部的优缺点都详尽列出来。

一览表完成之后，原本抱着“自费好贵，医保报销就够了”这种想法的病人，渐渐觉得“不用自费项目的话，以后似乎会后悔”，愿意改采自费项目了。

此外，也有一些病人因为不知如何选择，来找医生商量，最后都因为医生建议“预算许可的话，不妨尽量挑选自费项目”，决定选择自费。

提供充裕的咨询时间是其中很重要的关键之一，因为这样一来，病人就能够静下心来做决定了。

关于这一点，我想各位应该都有类似经验——仰躺在牙科的诊疗椅上，此时医生的声音从上方传来，不论内容是什么，多少都会让人产生“接受命令”的压迫感。如果延长咨询的时间，那么病人就可以好好坐在椅子上，一面看着医生的表情，一面听他说话，心情自然而然就会放松，并且冷静做出判断了。

此外，因为诚恳地与诊所员工沟通，彼此之间的误会也化解了。这些员工原本似乎认为：“我们明明是在为病患努力，院长却只想着钱……”后来得知是为了病患着想，他们也就渐渐愿意向病人推荐自费项目了。

至于今后的课题，我想就在于员工能否推荐得更巧妙、达到和院长相同的程度了。

为了让病患在事前就了解自费项目的优点，诊所也开始发行小型刊物，借此让病患先具备一些知识。

最后，院长一面搔着头，一面对我说："还有堆积如山的问题要解决哩。"离开了研讨会的会场。

>>> 复习——高级化的成功因素是什么？

那么，我们来分析一下这个案例成功的原因吧。

首先，最重要的一点是，向病患推荐比较贵的东西，是为了病患好。双方都必须确信这一点。这样一来，就可以大方地推荐商品了，对方的印象也会完全不同。

这个方式适用于所有企业。**若是不能让对方确信"虽然很贵，但买它是为了您好"，就会产生"强迫推销"的感觉。**如果对方非常排斥这种感觉，不是当场离去，就是会去选择便宜的产品。

接着，将产品内容做成一览表，便于病患了解，也很有帮助。这是"增加吸引力"的应用（**增加商品吸引力→参见43页**）。即使是同一项商品，由于呈现的方式不同，就会让人觉得那是截然不同的东西。这个故事就是个好例子。

不要只写一些专业术语，而是要尽量贴近病患，让他们能够了解自费疗程的好处。一览表就是相当出色的方式。

此外，延长咨询时间则是运用了"感同身受"（**感同身受，建立信赖→参见75页**）。与病患站在同一个立场，为病患设想。只要能够采取这种态度，对方就会感到窝心。

最后则是与员工的沟通，这是"创建顾客沟通平台"不可或缺的一步（**创建沙龙，利用同好的力量→121页**）。未来想要让病患参与沙龙，诊所内部必须先达成共识才行。

今后，诊所应该持续努力下去，建立病患之间可以互相交流的沙龙聚会。

>>> 感想备忘

请自由地写下自己的感想。

提高客单价的模式 3：让顾客大批购买！

>>> 大批销售的目的是什么?

希望各位务必做到“大批销售”，这是提高客单价的一个重点。**大批销售指的并非顾客只喜欢贵公司某件商品，而是“只要是贵公司的商品都喜欢”**。

相对来说，如果只是以单品形式卖掉一、两件商品，不过只是代表贵公司“碰巧”有顾客想要的商品而已。

高消费力顾客营销的所有方式之中，效果最好的就是**“只要是贵公司销售的任何商品，顾客都想要”**。

举个最简单易懂的例子，请各位想象一下偶像艺人的狂热粉丝们。只要是偶像艺人身上穿过的、用过的，他们不是全都想要吗?

姑且不论偶像艺人，相信大家也有这类经验吧——对于自己喜欢的电影，不仅是内容介绍手册，就连海报、玩偶、装饰品等周边商品，全部都会买回家。

同理，如果贵公司推荐的产品，顾客愿意一口气全部买回家的话，他们就是你的高消费力顾客了。

顺带一提，**只要采取高消费力顾客营销，往往会自然而然产生大批销售的现象**。

>>> 大批销售的故事

我所主办的研习会里有形形色色的参加者，其中有个参加者是经营改建公司的村上修司先生（化名）。他的公司员工人数不多，所以他每天都很忙，经常需要亲自外出跑业务。

在一次研习会中，我讲了这样的话："由于顾客是外行人，**我们如果能以专业立场，将新的观念带给客人，对方会感到很开心**。当然，不只是开心而已，也会连结到销售行为。"

这当然是高消费力顾客营销的基本概念。听到这番话，村上先生立刻开始思考各种点子，然后将这些点子画在素描簿上，拿给我看。他问我："如果做出样品屋，让顾客看到房子未来的模样，这个做法如何？"

这个点子当然是可行的。不过，很可惜，如果考虑到成本问题，样品屋的制作实在不符合效益。尽管如此，由于这是积极采取行动的村上先生好不容易才想出来的点子，我实在不忍心就这样泼他冷水。

此时，我突然注意到他的素描簿。由于画得很好，我不由得问他："这是村上先生自己画的吗？"

村上先生说："嗯，是我画的……"

听到他的回答，我灵光一现。

我问他："村上先生，这样子的素描，您可以很轻松地画出来吗？"他回答："嗯，我想可以。"

那就好办了。我所想到的方法是，对于潜在的顾客提供新的服务：透过手绘，将理想的改建方式画给客户看。当然，签不签约仍然取决于客户本身，但是当他们看过之后，应该会产生“真想签约”的强烈感受吧。

对于顾客，如果什么都不做，那么这些客人通常会再找其他公司谈。重点在于时机与运气。然而，如果想要吸引高消费力顾客，就不能只凭时机和运气。

说服客户跟自己的公司签约，这是非常重要的。对此，我所建议的方法是**“把理想的改建方式当场画给客人看”**的服务。

站在客户的立场来看，比起请你马上开出估价单，这种做法当然会让他们的心理放松许多，因为这只是要你画图而已。不过，实际画出来之后，可以想见效果势必不错。

这是因为，即使客户的脑袋里隐约有了改建后的理想模样，但由于那些想象模模糊糊的，无法化成清晰的形貌。此时，如果能够将它画在纸上，客户看了之后，模糊的印象就能够变得更加具体。

我告诉村上先生，只要这么做，不就能够使效应连结到估价单上，最后再连结到合约吗？听了之后，他跃跃欲试。

此外，他还说：“我很想设法提高签约率，因此已经做好了心理准备，想说干脆来个苦肉计，盖一栋样品屋出来。没想到，素描的方式不但更有趣，还可以马上完成。今天来到这里，真是太好了。”

后来实行的成果如何呢？

就结果来说确实大为成功——原本总是以“过几年之后再说吧”当作借口的客户，现在都主动向村上先生表示“马上就想动工”；而且双方一起画出素描图之后，增加了亲密的感觉，签约之后的沟通也进行得很顺利。还有，关于本节的主题“大批销售”、追加订单，据说也增加了。

前面两种成果我原本就预料到了，但最后的大批销售、追加订单，就出乎我的意料之外。因此，我询问村上先生为什么会收到这种效果，背后的具体因素是什么？他给了以下的答案。

顾客会有一种“希望尽可能便宜”的心情，因此抱着“不需要的东西就尽可能排除”的态度。然而，采取“先素描给你看”的方式之后，**顾客的警戒心就立刻解除了，而且由于自己的理想渐渐成形，他们在开心之余，会希望你将他们各种想到的东西都画出来。**

结果，光是在估价阶段，顾客就始终保持高昂的情绪，有的人会决定花更多预算，有的人则是一开始先删掉一些项目，但后来又觉得全部都做也没关系。

通过这样的做法，每件案子的签约金额都增加了。因为彼此具有深厚的信赖基础，村上先生可以有效率地完成客户委托的工作。对他而言，这份工作做起来既快活又有成就感。

››› 复习——大批销售的成功因素是什么？

那么，先来分析一下本案成功的秘诀吧。

首先，最重要的是把顾客的理想具体化，将想象画成图案，这是一种“感同身受”的运用（**感同身受，建立信赖→参见75页**）。

此外，让顾客先看见原本必须等到完工才能得知实际样貌，就是“体验”方法的应用，这是提供给顾客的模拟体验（**免费体验，一试上瘾→参见115页**）。

然后，再以专业的知识担任“导引”的角色，使客户产生浓厚兴致，形成一个促使他们不断追加订单的机制（**跟进顾客需求，实现深度满足→参见126页**）。

>>> 感想备忘

请自由地写下自己的感想。

重点整理

这个章节介绍了提高客单价的具体案例，各位脑海是否浮现更多想法了呢?

为了使各位易于了解，所以我将它们分成不同的类型，实际上，涨价、高级化与大批销售其实是可以同时达成的。顺利涨价之后的日本料理店，也做到了高级化，顾客也不断追加点菜。由于毛利较高的酒类卖得特别好，利润结构也变好了。

此外，成功达成商品高级化的牙科诊所，当然也因为强调牙齿的保健，牙刷等商品开始热销，之后如果想要提高自费项目的价格应该也没有太大问题。

至于实现大批销售目标的改建公司，通过与客户建立的互信关系，也使顾客不再到处比价，实质上就等于顺利涨价。

就像这样，最后这些案例的经营模式都呈现良性循环。

请贵公司务必根据之前的十五种方法以及这个章节的个案研究，好好思考如何实践、找出具体做法。

成功提高客单价的15个黄金法则

商品的表演法

1. 增加商品吸引力
2. 煽情地讲述幕后故事
3. 找寻特色，创造英雄
4. 权威推荐，大家都有
5. 限定数量，限定时间

提供商品的方法

1. 感同身受，建立信赖
2. 诱发潜在的需求
3. 开诚布公，讲述亲身体验
4. 提供内行的建议，收集各种冷知识
5. 树立专业形象，演什么要像什么

提高期待感的方法

1. 让顾客消费得明白
2. 免费体验，一试上瘾
3. 创建沙龙，利用同好的力量
4. 跟进顾客需求，实现深度满足
5. 不断升级产品与服务，黏住客户

第7章

没注意到这些地方就会失败!心理的陷阱

什么是绊倒你的“心理陷阱”？

>>> 五种心理陷阱以及解决方式

目前为止，我介绍了十五种提高客单价的方法，以及具体的个案研究。如此一来，应该已经无懈可击了。不过，各位在实际操作时，有时会陷入几种心理陷阱。

这些心理陷阱包括以下五项：

1. 就是不敢涨价
2. 解说时不知不觉变得太专业
3. 误以为“商品相同，价格当然也应该相同”
4. 不知不觉就推荐便宜货给顾客
5. 总是锁定有钱人

接下来，我会一边说明，一边提出解决方案。

››› 陷阱1　就是不敢涨价

“说什么都不敢涨价”是很常见的状况，这类经营者似乎强烈觉得“涨价对顾客不好”。确实，没有顾客会听见“涨价了”而觉得开心，况且莫名其妙地不当涨价也不是一件好事。

不过，**如果是长期为了顾客着想的话，还是应该积极地适度调高价格。**

理由在于，想要持续提供顾客出色的商品，商家就必须赚取适当的利润。如果一直打折，导致自己最后撑不下去的话，就本末倒置了。

通过涨价，从顾客端获取适当利润，再将赚来的这些钱好好地提升商品的附加价值，实践吸引高消费力顾客的营销方法，让顾客越来越满意。这不正是一种长期为顾客着想的做法吗？

只要确实抱着这样的想法，**当你适度地调涨价格时，就不会有任何罪恶感了。**

››› 陷阱2　解说时不知不觉变得太专业

厂商卖力说明，希望顾客能够感受到商品价值，但有时候不管怎么说明，顾客就是无法感受。会造成这种状况，往往是**由于解说内容太过专业，导致顾客无法理解。**

由于找我做企业咨询的对象各行各业都有，我经常碰到从来没听说过的行业类别。因此，我会先询问经营者，他所从事的行业实际在做些什么，但他们的说明总是让我一头雾水。

即使跟对方说："不好意思，能不能用外行人也能听懂的方式，再解说一次您的行业内容?"结果，我还是一样无法理解。

如果连我听了也无法理解，一般顾客应该更不可能理解吧。到目前为止，根据我的经验，这些人自觉"很好懂"的说明，实际上艰涩的程度是一般人能够理解的十倍左右。

因此，我必须将这个经验告诉经营者，请他们**将艰涩程度削减十分**之一之后再告诉我，我才总算能够听懂。同理，唯有再进一步简化这些内容，才有可能清楚地将产品价值传达给顾客知道。请注意：并不是顾客无法感受到商品价值，而是解说得太难了。如果是因为这个原因而错失赢得顾客的大好机会，那就真的太可惜了。

请务必先认识到"必须将难度再削减为十分之一"的重要性，重新挑战一次看看。

>>> 陷阱 3　误以为"商品相同，价格当然也应该相同"

很多人常问我这个问题："虽然你一直说'消费力顾客营销'，但既然商品都相同，在某种程度上不就必须参考同业订定的价格吗?"

完全没有这个必要。道理很简单，只要创造商品的附加价值，顾客就会觉得你的商品与其他同业完全不一样。

举个容易理解的例子：如果在一家没有座位、只能站着吃的寿司店附近，开了另一家每盘定价都是一百日圆的回转寿司店，那么，原本那家站着吃的寿司店，非得把价格调降为一百日圆不可吗？

答案当然是否定的。因为，会到回转寿司店用餐的顾客，与前往站着吃的寿司店用餐的顾客，二者选择餐厅的目的是截然不同的。

在站着吃的寿司店，可以满足客人“一面与寿司师傅聊天、一面享用美味寿司”的需求；在回转寿司店，则是满足“和小孩一起享用”的需求。

就像这样，虽然两家卖的都是寿司，**顾客来店的需求却完全不同。**

同理，如果贵公司实践高消费力顾客营销的手法，你创造出来的需求，就会和其他同业完全不一样。

请记住：**顾客是基于想要“听故事”、想要一起“做梦”、想了解“新的观念”的心理，**才会来到贵公司。只要了解贵公司商品所具备的附加价值，就能明白完全没有必要受限于同业价格。

>>> 陷阱 4　不知不觉就推荐便宜货给顾客

不知不觉就推荐便宜货给客人，是我经常听到的状况。事实上，这种做法不过是从单一面向看待顾客的需求而已。

确实，如果是以“减少顾客花费”的角度来看，推荐便宜货给顾客有其道理。但客人要的难道只是便宜就可以了吗？

我来举个容易理解的例子。

假设你因为某种疾病住院，必须动手术，手术内容分为“上等，十万日圆”、“中等，七万日圆”、“普通，三万日圆”三种，你会选择哪一种？假设越贵的等级越不会痛，后遗症也越少的话。

我会毫不犹豫地选择十万日圆的等级。当然，如果我怎么也筹不出费用，又完全借不到钱的时候，只好哭着选择普通的那种了。

这样一想，就能明白顾客并不是只要便宜就够了。

姑且不论客户的预算有多少，**先仔细地为客户提供解说，将你基于专业而推荐的商品，大方地告诉他们，**这一点很重要。如果说明之后，顾客还是选择便宜的品种，那就没办法了。

记住：**不是便宜就好，能够满足顾客的整体需求才是重点。**

››› 陷阱5　总是锁定有钱人

“不知不觉之中，总是只向看起来有钱的顾客推荐商品。”

我常常听到这样的例子，但正如本书一开始所说的，即使是有钱人，他们也不会购买自己不需要的东西，反倒是没那么有钱的人会想尽办法购买自己想要的东西。

当然，如果同样以“想要”的角度来看，有钱人买东西确实是比较干脆，这是因为他们没有必要讨价还价。这样的话，确实是可以特别锁定有钱人。不过如果只重视有钱客人，将会损失许多机会。

举例来说，最近越来越常见的状况是新婚的年轻上班族连首付款都没有，就以三十年贷款买房子。光是通过这个简单的例子，各位应该就能深刻体会到**“有钱人才会花钱”的单纯想法，将使你失去许多成交机会**了吧。

一个人“有没有钱”与他觉得“商品有没有价值”之间，没有任何因果关系。有钱人只不过是买东西时决定的速度比较快而已。

结　语

“忙得要命，却根本赚不到钱。”

每天我都会听到很多经营者这么感叹。对于这些辛苦的经营者，我的建议只有一个：只要提高客单价就可以了。

然而，正如本书一开始提到的，商业界普遍存在一种“客人增加＝营业额增加”的单纯算式，却几乎没有书籍或研讨会教导大家如何提高客单价，因此业者通常无法听进我的意见。

不过，针对前来咨询的经营者，我从五年多前就开始推广这套方法。这些业者确实执行这些秘诀之后，最后实现了只凭借增加来客数无法达成的丰硕成果。

看到他们的成功，我除了感到开心之外，也觉得很失望——为什么这么具有效果的“高消费力顾客营销”，没有办法顺利普及呢？因此我便决定“既然这样，就由我来推广吧”。

首先，我举办了名为“吸引高消费力顾客实践会”的研习会。参加的会员都实施了高消费力顾客营销，并且在会中将成果与研习会的成员互相分享。

这个尝试相当成功，很多会员都得到不错的成果。参考他们的成果，我写下了这本书。

不过，“高消费力顾客营销”的手法，目前仍处于发展阶段——不，应该说，必须认为它“仍在发展”才行。因为，如果本书所写的营销手法变得相当普遍，促使没有采取这个营销方法的商家自然淘汰，等到那个时候，“高消费力顾客营销”就必须再进化了。

今后，我希望能够尽力提供更多超越顾问领域的服务，希望各位也能继续精益求精。

最后，对于提供协助的各位，我要致上谢意。首先是鼎力协助本书出版的钻石社笠井一晓先生、将本书的出版企划推荐给钻石社的和仁达也先生、Yumeoka LLP 的各位、我最重要的各位客户们，以及“吸引高消费力顾客实践会”的会员。在此，我致上深深的谢意。

此外，若是各位读者看完本书之后，开始执行“高消费力顾客营销”，为了顾客的幸福而努力，踏出第一步，也请容我由衷地说声“谢谢”。

吸引高消费力顾客的顾问　村松达夫

宋博士管理系列

冯仑、牛文文等商界名流郑重向您推荐:

宋新宇——中国最贴心的老板顾问

16 岁北大高考状元　　　　　1981 年选送留德,科隆大学经济学博士

罗兰·贝格(中国)创建者　　10 年易中创业,服务 50 万中小企业客户

创办《易友》《老板顾问》《老板学》WWW. XUE24. COM 平台

让管理回归简单

——宋新宇博士帮你抓住管理的要害

宋新宇博士针对企业中最棘手、最现实的管理问题,从六个方面:即目标、组织、决策、授权、人才、老板自己,为管理者提出简单易行的解决方案。这些方法立竿见影,帮你抓住管理的要害,让管理变得简单。

让经营回归常识

——宋新宇博士帮你抓住经营的要害

经营企业就是经营好你的战略、客户、产品、员工、老板(自己)、成长。宋新宇博士告诉你经营的秘诀,帮你迅速抓住经营的要害,把企业做大做强。读完这本书,你将会明白:

为什么最容易做的是第一　　比利润更重要的是什么

为什么要裁减客户　　　　　如何在一个弱势行业增长

如何做到让客户主动来找你　做老板的不易之处在哪里

如何避免老板常犯的 37 个错误　如何把企业做大

为什么家族企业也可以做大　最好的顾问在哪里

中层领导力

——来自世界 500 强的中层内训课

[韩]崔秉权　姜珍求　金贤基　韩桑烨　著

本书由韩国四位著名领导力专家合力完成，他们来自企业管理现场，通过真实的职场故事，塑造了好中层、坏中层两个形象，帮助中层管理者认清自身管理上的不足，快速提升领导力，更好地激发团队工作热情，实现下属、自身、企业的多赢！

以下为送给企业中层的“六面镜子”：

无能上司造就低能下属　　监工上司造就爱搞小动作的下属

独裁上司造就盲从下属　　自命不凡的上司没人帮

推卸责任的上司让下属无所归依　　工作狂上司身边充满好吃懒做的下属

卖轮子——选择最佳营销方式

[美]杰夫·科克斯　霍华德·史蒂文斯　著

这是一本特好玩的营销启蒙书，没有枯燥的概念、没有抽象的案例，有的只是古埃及的一对夫妇和他们的四个销售员一起把石头轮子卖到全国各地并收获大把谢克尔（注：古埃及的钱币）的神奇经历。

你不必期待这本书解决你关于营销的所有疑惑，但你一定能享受一次妙趣横生的阅读之旅，我敢打赌，这一定是第一本你能够一口气读完的营销书！

干好前 3 年：从职场新人到公司核心

——9 大法则让你独当一面

[韩]申铉满　著

让年轻人少奋斗 10 年、30 岁前独当一面的职场启蒙书！韩国最大猎头公司 CEO 近 10 年经验之谈，50 个真实案例，让你的职场不走弯路。本书讲述了众多职场过来人的真实案例，并以此为鉴帮助职场新人选择职业道路、避免职场误区、快速积累经验、培养核心能力、塑造个人口碑，成为企业最想要的人！本书是每个渴望获得远大前程的职场新人必备的教科书！